名师工程
《基础教育课程》丛书

教育部基础教育课程教材发展中心
《基础教育课程》杂志社组编

基于核心素养的 高中数学教学

JIYU HEXIN SUYANG DE
GAOZHONG SHUXUE JIAOXUE

总 主 编　付宜红
本册主编　沈炯靓

西南大学出版社
国家一级出版社　全国百佳图书出版单位

图书在版编目（CIP）数据

基于核心素养的高中数学教学／沈炯靓主编． — 重庆：西南大学出版社，2021.12
名师工程
ISBN 978-7-5697-1149-3

Ⅰ．①基… Ⅱ．①沈… Ⅲ．①中学数学课–教学研究–高中 Ⅳ．①G633.602

中国版本图书馆 CIP 数据核字（2021）第 235136 号

基于核心素养的高中数学教学
JIYU HEXIN SUYANG DE GAOZHONG SHUXUE JIAOXUE
沈炯靓　主编

责任编辑：赵　洁
责任校对：杜珍辉
出版发行：西南大学出版社（原西南师范大学出版社）
　　　　　　地址：重庆市北碚区天生路 2 号
　　　　　　邮编：400715　市场营销部电话：023-68868624
　　　　　　网址：http：//www.xdcbs.com
经　　销：新华书店
印　　刷：重庆友源印务有限公司
幅面尺寸：170mm×240mm
印　　张：12.25
字　　数：240 千字
版　　次：2021 年 12 月　第 1 版
印　　次：2021 年 12 月　第 1 次印刷
书　　号：ISBN 978-7-5697-1149-3

定　　价：38.00 元

若有印装质量问题，请联系出版社调换
版权所有　翻印必究

foreword 序

本套丛书是由教育部基础教育课程教材发展中心《基础教育课程》杂志社策划编辑的系列教师读本。丛书中提炼的主题以及精选的文章聚焦当前教育重点、热点话题，体现了《基础教育课程》杂志的办刊理念，浓缩了《基础教育课程》杂志近年来的出刊精华，汇聚了全国一流专家学者、特级教师，以及教育行政、教研人员的科研成果与实践智慧。

课程是国家意志的体现，基础教育课程承载着我国人才培养的目标与路径设计。2004年，由教育部主管、教育部基础教育课程教材发展中心主办的《基础教育课程》杂志创刊，时任国务院副总理李岚清同志亲笔题写刊名。当时的杂志从教育部为各课程改革实验区编发的《基础教育课程改革通讯》改编而来。十几年来，杂志秉承"专业引领、服务实践"的办刊理念，以全面贯彻新时期党和国家教育方针，坚守素质教育阵地，弘扬课程改革主旋律，落实立德树人根本任务为宗旨，聚焦基础教育课程改革的推进，记录、跟踪改革发展历程，权威发布并深度解读国家基础教育改革及课程教材建设相关政策文件，提炼报道地方及学校改革经验和动态，宣传推广基础教育课程教材、教学教研及评价领域最新成果。如今，《基础教育课程》杂志已成为国内一流的课程教学专业期刊，是国家课程教材专业研究机构——课程教材研究所指定期刊，全国中文核心期刊、中国人民大学复印报刊资料重要转载来源，为中国核心期刊（遴选）数据库、中国学术期刊网络出版总库全文收录。

近年来，《基础教育课程》杂志聚焦教育部主责主业，依托国家教材委员会、教育部基础教育课程教材专家咨询委员会，国家课程方案、各学科课程标准以及中高考命题改革等权威力量，在学生核心素养发展、国家课程方案、课程标准、新教材解读以及教学研究、考试评价制度改革、深度学习教学改进、高中育人模式变革等方面做了系列重点报道，已成为地方、学校执行国家课程方案，探索育人模式变革，落实立德树人根本任务的高端交流与展示平台。为使期刊近年来策划组织的相关重大选题和文章发挥更大的辐射作用，在西南大学出版社的支持下，我们策划编撰了此套丛书。

此套丛书共有两个系列，分别是"基于核心素养的课程建设系列"和"基于核心素养的教学改进系列"。"基于核心素养的课程建设系列"包含《新时代的劳动教育》《新时代的校本课程建设》《新时代的主题教育课程》和《新时代的教研工作》四个分册。"基于核心素养的教学改进系列"涵盖《基于核心素养教学改进的落地导引》《基于核心素养的大单元和大概念教学》《基于核心素养的深度学习》《基于核心素养的项目式学习》《基于核心素养的跨学科学习》《基于核心素养的任务驱动与问题解决式学习》及《基于核心素养、着眼未来的学习》等热点教学策略。此外，"基于核心素养的教学改进系列"还聚焦普通高中新课程标准（2017年版2020年修订）和新高考，涉及语文、数学、英语、思想政治、历史、地理、物理、化学、生物9个学科的新课标、新教材及其对应的新教学策略与教学设计和考试评价等内容。

有别于名家、名师的个人专著，本套丛书具有作者众多，研究视角多样，案例丰富、典型等特点，特别是导向前瞻，既有理论指导性又有实践操作性，希望能为广大教师在落实立德树人根本任务，构建"五育"并举的学校课程体系，开展基于核心素养的教学以及探索新中高考改革的路上提供切实的引导与帮助！

《基础教育课程》杂志社主编　付宜红

2020年8月1日

Preface 前言

数学作为基础教育阶段的基础性课程，对学生学习其他学科课程和我国创新人才培养具有奠基作用。2017年底，教育部印发《普通高中数学课程标准（2017年版）》，并于2020年5月进行了修订（以下统一简称"新课程标准"），使普通高中数学课程教学步入了一个崭新时代。普通高中数学新课程具有基础性、选择性和发展性的特点。必修课程面向全体学生，构建共同基础；选择性必修课程、选修课程充分考虑学生的不同成长需求，提供多样性的课程供学生自主选择；普通高中数学课程为学生的可持续发展和终身学习创造条件。数学课程标准以学生发展为本，落实立德树人根本任务，培育科学精神和创新意识，确定了数学抽象、逻辑推理、数学建模、直观想象、数学运算和数据分析六个方面的数学学科核心素养。采用"主线—主题—核心内容"的方式展开内容，突出数学学科的内在逻辑和思想方法。

在新课程标准的统领下，多地组织专家团队，启动了普通高中数学教材的编写工作。截至2020年，共有人教版（分A、B两版）、北师大版、苏教版、鄂教版、湘教版6个版本的普通高中数学教材已通过审定并投入使用。

普通高中数学教材的编写遵循新课程标准确立的基本理念和目标要求，以落实立德树人为根本任务、发展学生数学核心素养为宗旨，选取体现时代发展、科技进步和符合学生生活经验的鲜活素材，充分体现数学内容的逻辑体系，揭示数学内容的发生、发展过程，并形成了各版本教材的编排体系以及相应的特色和风格，彰显数学学科特有的育人价值与功能。

新课程和新教材呼唤新的教学与评价方式。如何在课堂上培育学生的数学学科核心素养？采用什么样的教学方式能够促进学生素养的发展？数学学科核心素养如何评价与测量？学业质量标准与考试评价的关系是什么？基于核心素养的课程改革，促使数学教师对传统课堂教学展开新一轮审视。由于新课程标准不再强调"模块化"的内容结构，设置了函数、几何与代数、统计与概率、数学建模活动与数学探究活动四条主线，并把四条主线贯穿在必修、选择性必修和选修课程中，强调将数学学科核心素养的培养贯穿于教学活动的全过程，因此新高中数学教学与评价改革应以数学学科核心素养的培育为重点，重视数学本质，突出理性思维、数学应用、数学探究、数学文化的引领作用，突出对关键能力的教学与考查，体现基础性、综合性、应用性和创新性的要求和育人导向。

为落实好当前新课标、新教材、新教学、新评价以及对数学教师的新要求，《基础教育课程》杂志自新课程标准颁布以来，走访课改名家，征集一线优秀数学学科教研员、特级教师等的科研与教学成果，刊发介绍了大量的针对新普通高中数学课程改革研究与实践的文章。本书遴选其中精华部分，精心编排，奉献给读者，全书共分三个部分。第一部分为"走进新时代的数学课程改革"，主要介绍2017年版数学课程标准的修订思路与亮点，以及相关普通高中数学教材的编写背景、内容与特点等，系统梳理普通高中数学课程的相关概念和基本原理。可以说，本章是全书的基础和方向。

第二部分为"指向数学核心素养养成的教学实践"，这一章中既有在数学新课程背景下对教学目标确定、教学内容选取、教学情境及任务活动设计的重新思考，又有对高中数学教学方式的新探索，包括关注数学学科核心素养目标在教学中的可实现性，研究其融入教学内容和教学过程的具体方式及载体；整体把握教学内容，围绕4条内容主线整体设计与分步实施教学活动；

设计合适的教学情境、提出合适的数学问题；探索有利于促进学生学习的多样化教学方式；重视信息技术与数学课程的深度融合；等等。本章收录的文章出自全国各地的专家、教研员、优秀教师之手，从不同的角度为数学学科核心素养的实施贡献智慧。只有将观念和理论转化为实施策略，核心素养才能真正地。因此，本章是全书的重心和落脚点。

第三部分为"数学学科核心素养的评与考"，精选了2018年以来数学学科的高考试题解析。本章选文通过对数学学科命题改进的研究和对考题的剖析，希望呈现新高考如何与新课程对接，实现从知识、能力立意到学科核心素养立意的转变。

本书的编排力求做到从理论到实践，从课程到教学再到评价，全方面呈现普通高中数学课程的新发展，深入浅出、层层递进，既有理论内涵的介绍与剖析，又有实践应用的策略与方法，期待能够为促进广大教师教学实践、推动普通高中数学课程发展提供借鉴。

沈炯靓

2021年7月

Contents 目 录

第一章 走进新时代的数学课程改革

整体把握课程 抓住数学本质 发展核心素养／王尚志 1

2019版普通高中数学（北师大版）教材的整体设计与
　　主要特色／王尚志　保继光　赵　敏 7

2019版普通高中数学（鄂教版）教材编写理念及特色／胡典顺 16

落实核心素养的教材编写
　　——以2019版普通高中数学（鄂教版）教材为例／胡典顺 24

2019版普通高中数学（湘教版）教科书的主要特色／张景中　胡　旺 32

2019版普通高中数学（苏教版）教材编写思路与
　　体例／李善良　徐稼红 39

数学教科书中设置问题情境的作用与原则／李　健　李海东 46

高中数学教科书中"概率与统计"内容编排的比较
　　研究／刘　静　周思波 55

第二章　指向数学核心素养养成的教学实践

第一节　重新认识高中数学教学 / 65

素养为本的高中数学教学综合改革 / 李昌官 65

素养为本的高中数学教学目标 / 李昌官 75

高中数学核心素养研究述评 / 李　祎 83

探寻数学建模素养落地生根的有效路径 / 孔志文　白雪峰 91

第二节　高中数学教学方式新探索 / 99

指向高中数学核心素养的教学特点

——对均值定理教学片段的分析与改进 / 李大永　胡凤娟 99

高中数学课堂教学语言应用策略探索

——基于学生核心素养提升的视角 / 孔颖婷　关成刚 109

构建生态智慧课堂　培育学生核心素养

——以数学学科为例 / 熊永昌 118

学生数学思维培养路径探析 / 徐正祥 129

第三章　数学学科核心素养的评与考

立足核心素养，弘扬数学文化

——数学文化在 2018 年高考试题中的渗透 / 陈熙春 135

渗透统计推断思想，增强数据分析素养

——对 2018 年文、理科数学全国 Ⅱ 卷第 18 题的

一些思考 / 张晓斌　艾　嵩　李　容 141

直观想象视角下的 2019 年高考数学试题研究 / 李昌官 146

"概率与统计"在高考中的定位与考查研究 / 胡凤娟 158

高考评价体系中"应用性"与"创新性"要求的落实
　　——基于2020年高考数学试卷中问题情境的
　　　分析／李　健　童　莉 168
从数学关键能力视角看考题、育素养
　　——以2020年高考理科数学全国Ⅰ卷第12、20题
　　　为例／李昌官 174

第一章

走进新时代的数学课程改革

整体把握课程 抓住数学本质 发展核心素养

王尚志[①]

一、数学课程的独特价值和贡献

数学不仅是自然科学的重要基础,而且在社会科学中发挥越来越大的作用,数学的应用已渗透到现代社会人们日常生活的各个方面。数学不仅是运算和推理的工具,还是表达和交流的语言。数学承载着思想和文化,是现代文明的重要组成部分。随着现代科学技术,特别是计算机科学、人工智能的迅猛发展,人们获取数据和处理数据的能力都得到很大的提升,伴随着大数据时代的到来,人们常常需要对网络、文本、声音、图象等反映的信息进行数字化处理,这使数学的研究领域与应用领域得到极大拓展。

学生的终身发展离不开良好的思维品质,特别是理性思维和科学精神,而数学在形成人的理性思维、科学精神和促进个人智力发展的过程中发挥着不可替代的作用。数学素养是现代社会每一个人应该具备的基本素养。

[①] 王尚志,首都师范大学数学科学学院教授,普通高中数学课程标准研制组组长、修订组组长,北师大版高中《数学》教材主编。

学生的终身发展还离不开实践创新能力的培养，在这方面，数学课程也发挥着不可替代的作用。我们在课程目标设置中，把"提高从数学角度发现和提出问题的能力、分析和解决问题的能力（简称"四能"）"、"不断提高实践能力，提升创新意识"作为课程目标。其中，发现和提出问题是创新意识的核心，分析和解决问题是实践能力的表现。我们把"数学建模、数据分析"作为数学学科核心素养；把"数学建模活动与数学探究活动"作为一条贯穿课程始终的内容主线；在评价考试建议中，要求保证"一定数量的应用问题"，"重点考查学生的思维过程、实践能力和创新意识"等。通过这一系列具体措施，让促进学生实践创新能力和素养的发展实实在在落在数学课程中。

数学对学生形成良好的情感态度价值观也起着积极的作用。比如：通过数学的学习，提高学生学习的兴趣，增强学习的自信心，养成良好的学习习惯，发展自主学习的能力；数学能帮助学生探寻事物的变化规律，增强社会责任感；形成正确的人生观、价值观、世界观等。

此外，普通高中数学课程还可为学生的可持续发展和终身学习创造条件。数学教学中不仅关注如何帮助学生学会知识、技能、思想、方法，更关注如何引导学生会学习、会思考、会应用，这是学生能够实现可持续发展和终身学习的基本保证。

二、数学学科核心素养的凝练

中国课程发展经历了从知识立意到能力立意，从能力立意到素养立意的过程。数学课程体现得尤为明显，1963 年 5 月出版的《全日制中学数学教学大纲（草案）》在课程目标中第一次明确地提出了数学三大能力，即计算能力、逻辑推理能力和空间想象能力。2003 年出版的《普通高中数学课程标准（实验）》，在课程目标中，把三大能力拓展为五大能力，即空间想象、抽象概括、推理论证、运算求解、数据处理，增加了抽象概括和数据处理能力。修订组研究了世界上主要国家关于"能力""素养"的内涵，结合中国的文化特点、课程发展，这次提出六个数学学科核心素养：数学抽象、逻辑推理、数学建模、直观想象、数学运算和数据分析，这是又一次拓展。六个核心素养涵盖了实验稿提出的五大能力，增加了数学建模，同时把"能力"内涵进行了拓展，强调了"思维品质"在学科核心素养中的作用，形成数学学科核心素养的内涵。

三、数学学科核心素养与课程目标的关系

课程目标首先要求学生在学习数学的过程中掌握数学基础知识、基本技能、基本思想、基本活动经验（简称"四基"）；其次，在应用数学的过程中提高从数学角度发现和提出问题的能力、分析和解决问题的能力（简称"四能"）；进而在学习数学和应用数学这两个过程中发展数学抽象、逻辑推理、数学建模、直观想象、数学运算、数据分析等数学学科核心素养；最后，会用数学眼光观察世界，会用数学思维思考世界，会用数学语言表达世界（简称"三会"）。数学学科核心素养是课程目标的集中体现，"三会"是数学学科核心素养的外在表现。

通过普通高中数学课程的学习，我们不仅希望学生能提高学习数学的兴趣，增强学好数学的自信心，养成良好的数学学习习惯，发展自主学习的能力，更希望学生能树立敢于质疑、善于思考、严谨求实的科学精神；不断提高实践能力，提升创新意识，认识数学的科学价值、应用价值、文化价值和审美价值。可以看出，在整个数学课程标准中，数学学科核心素养处于中心地位。

四、数学课程标准修订的设计及亮点

（一）重新思考选修课程，科学设计分类

高中课程设置了必修、选择性必修和选修三种课程类型，突出了普通高中课程具有选择性的基本特征。实验稿提供了丰富的选择内容，迈出了重要的一步，但也暴露出一些问题，例如：选择性与大学教育脱节、没有评价机制、没有发挥选择性应有的作用等。

新标准重新思考了选修课程的课程定位、设置原则、课程结构，把选修课程分为 A、B、C、D、E 五类。

A 课程是供有志于学习数理类学生选择的课程；B 课程是供有志于学习经济、社会类和部分理工类学生选择的课程；C 课程是供有志于学习人文类学

生选择的课程；D 课程是供有志于学习体育、艺术（包括音乐、美术）类学生等选择的课程；E 课程是学校根据自身的需求开发或选用的课程，也可以是社会团体为中学生开发的课程，包括拓展视野、日常生活、地方特色的数学课程，还包括大学数学的先修课程等。

这些课程为学生确定发展方向提供引导，为学生展示数学才能提供平台，为学生发展数学兴趣提供选择，为大学自主招生提供参考。学生可以根据自己的志向和大学专业的要求选择学习其中的某些课程。

（二）不再强化模块化的内容结构，采用"主线—主题—核心内容"的课程内容结构

实验稿的课程内容采取了模块化的内容结构，这种设置没能很好地反映数学学科的规律。修订组认真地分析了国内外高中数学课程的内容结构，分析了大学不同专业的数学课程内容，结合本次修订的核心思想——"基于数学学科核心素养"整合数学课程。

在新标准中，我们采用了"主线—主题—核心内容"的课程内容结构，设置了函数、几何与代数、统计与概率、数学建模活动与数学探究活动四条主线，并把四条主线贯穿在必修、选择性必修和选修课程中。

其中，把"数学建模活动与数学探究活动"作为主线是又一个突破，完善了实验稿"数学建模活动与数学探究活动"内容的不足，给出了明确具体的要求，设置了专门的课时，设计了评价方式，并要求把完成的结果放入综合评价档案袋中。这些设计体现了新标准对数学实践和创新意识的重视。

（三）多角度关注、引导初高中平稳过渡

学段间的过渡问题是教育中客观存在的问题，反映了不同学段学生的心理特征，在某种意义下是一个永恒的话题。在过去很长一段时间，解决初高中过渡问题时只考虑知识层面，采取的主要方法是补课。修订组认为在初高中过渡过程中，更重要的是关注学生学习心理、学习习惯和学习方法。于是修订组从心理、习惯、方法等多角度关注初高中过渡问题，在新标准中设置了"预备知识"。以义务教育阶段数学课程内容为载体，结合集合、常用逻辑用语、相等关系与不等关系、从函数观点看一元二次方程和一元二次不等式等内容的学习，为普通高中数学课程的学习做学习心理、学习方式和知识技能等方面的准备，帮助学生完成初高中数学学习的过渡。

五、新标准对评价考试的引领和建议

在实验稿实施过程中，数学教育工作者，特别是一线教师最强烈的意见是课程标准与考试脱节。本次修订根据中央和教育部的要求，把新标准作为教育改革的"龙头"和学生发展的"路线图"，作为指导教学、评价的依据。

首先，研制提出了数学学业质量要求。学业质量是学生在完成普通高中数学课程相应阶段的学习之后，对数学学科核心素养表现的总体描述，是应该达到的数学学科核心素养的要求，是数学学科核心素养水平与课程内容的有机结合。学业质量要求是学生自主学习与评价、教师教学活动与评价、教材编写的指导性要求，也是相应考试命题的依据。

我们将数学学业质量分为三个水平：数学学业质量水平1是高中毕业应当达到的要求，也是高中毕业的数学学业水平考试的命题依据；数学学业质量水平2是高考的要求，也是数学高考的命题依据；数学学业质量水平3是基于必修、选择性必修和选修课程的某些内容对数学学科核心素养的达成提出的要求，可以作为大学自主招生的参考。

高等院校招生评价，特别是自主招生评价，除了高考的成绩外，建议还要参考学生参加社会活动的评价、学生完成的研究报告或者小论文、选修中各类课程的成绩、大学先修课的成绩等。

新标准对于高考和学业水平考试也提出了具体的建议。

命题时，应有一定数量的应用问题，还应包括开放性问题和探究性问题，重点考查学生的思维过程、实践能力和创新意识，问题情境的设计应自然、合理。开放性问题和探究性问题的评分应遵循满意原则和加分原则，达到测试的基本要求视为满意，有所拓展或创新可以根据实际情况加分。

要关注试卷的整体性，处理好考试时间和题量的关系，给学生充足的思考时间；逐步做到在不增加题量的前提下延长考试时间，或在不延长考试时间的前提下减少题量。

逐步减少选择题、填空题的题量；适度增加试题的思维量；关注内容与难度的分布、数学学科核心素养的比例与水平的分布；努力提高试卷的信度、

效度和公平性。

六、实施新标准需要突破的重点

新标准颁布之后，最重要的任务是实施，要把其倡导的理念落实在日常教学中，落实在考试评价中，落实在教师专业发展中，落实在学校建设和发展中。

在落实数学课程标准的过程中，我们认为有三个需要重点突破的问题。

第一，开展基于数学学科核心素养的教学。希望教师能从一节一节课跳出来，进行主题式教学（深度学习）设计和实施。因此，新标准特别强调"把握数学本质""注重主题（单元）教学""重视情境创设和问题提出"。

第二，实施基于核心素养的考试评价。要考查学生的数学学科核心素养，就要重视日常评价与考试评价相结合，重视过程，评价形式多样化，评价主体多元化；在考试命题时，要有一定量的开放题，并重视给学生充足的思考时间。

第三，进行关于"数学建模活动与数学探究活动"的实施和考试评价。很多教师对数学建模活动的理解停留在大学期间学习的数学建模，从主观上觉得很难，这在一定程度上影响了教师实施"数学建模活动"教学的积极性，需要加强对"数学建模活动"的培训，更新教师观念。考试中如何考"数学建模活动与数学探究活动"是对整个数学教育界提出的挑战。

2019版普通高中数学(北师大版)教材的整体设计与主要特色

王尚志[①]　保继光[②]　赵　敏[③]

2019版普通高中数学（北师大版）教材具有以下优势：修订组包括四位课标组成员，保证了核心素养在教材中的准确落实；大学教师深度介入，有利于教材抓住数学本质；一线高水平的教研员和教师保证了教材的适用性和科学性；常年的实践积累使得教材的数学建模特色异常鲜明。

一、教材的整体设计

根据《普通高中数学课程标准（2017年版）》（以下简称《课标》）对课程内容的要求，修订组进行了顶层设计，把"主线—主题—单元—核心内容"的结构要求落实在本套教材中。

（一）主线

《课标》明确给出了函数、几何与代数、概率与统计、数学建模活动与数学探究活动四条主线，形成了高中课程的内容结构。我们按照下面的框图（图1）处理这四条主线及主线间的基本关系。

（二）主线—主题—单元

在教材中，每条主线由多个主题组成，通过多个单元（章节）实现主线的目标要求。

1. 预备知识，主要包括如下目标要求。

（1）用集合语言刻画和描述研究对象以及对象之间的基本关系。（2）学会用逻辑语言建立概念、结论（定理）、应用之间的基本逻辑关系。（3）不

[①] 王尚志，首都师范大学数学科学学院教授，普通高中数学课程标准研制组组长、修订组组长，北师大版高中《数学》教材主编。

[②] 保继光，北京师范大学数学科学学院教授，普通高中数学课程标准修订组成员，教育部高考考试内容改革专家工作委员会委员，北师大版高中《数学》教材主编。

[③] 赵敏，北京师范大学出版社编辑，北师大版高中《数学》教材核心作者。

```
        ┌─────────────┐
        │   预备知识   │
        └─────────────┘
       ↗ ↙       ↘ ↖
┌──────┐           ┌──────────┐
│ 函数 │ ←──────→ │ 几何与代数 │
└──────┘           └──────────┘
       ↘ ↖       ↗ ↙
        ┌─────────────┐
        │  概率与统计  │
        └─────────────┘

┌──────────────────────────────┐
│  数学建模活动与数学探究活动   │
└──────────────────────────────┘

        ┌─────────────┐
        │   数学文化   │
        └─────────────┘
```

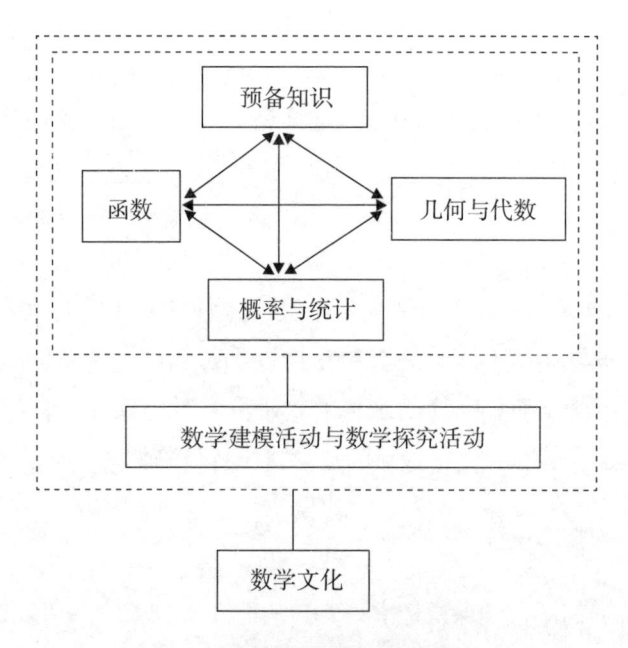

图1　主线及主线间的基本关系

断地提升用高观点理解和认识学过的数学内容的能力。（4）促进学生适应高中数学学习的节奏、方法、习惯。

2. 函数。整体把握函数的概念，逐步掌握函数的性质，掌握一批函数类型，学会运用函数研究数学问题和解决实际问题，感悟和运用函数内容中蕴含的数学思想方法，促进学生数学学科核心素养的发展。

3. 几何与代数。掌握并整体认识一批基本几何图形及其性质，学会运用几类研究图形的基本方法（综合几何法、解析几何法、向量方法、简单的分析方法等），感悟图形的作用，促进学生数学学科核心素养的发展。

4. 概率与统计。通过准备知识、概率、统计三个主题来理解和认识概率与统计主线。其中，准备知识包括计数原理、二项式定理等核心内容；概率包括有限样本空间、随机事件、独立性与条件概率、随机变量等核心内容；统计包括统计的一些基本概念、"数据分析"全过程、几个基本问题等核心内容。

5. 数学建模活动与数学探究活动。数学建模活动强调每一个数学概念的背景，重要结果的直接应用，数学结果的综合应用，数学建模的基本过程；数学探究活动强调不同知识间的联系和问题解决。

各主线下的主题在教材中的落实可以从表 1 中章（节）的设置看出。

表 1 各主线下的主题在教材章（节）设置中的体现

主线	章（节）
预备知识	必修　第一册 第一章　预备知识 集合/常用逻辑用语/不等式/一元二次函数与一元二次不等式
函数	必修　第一册 第二章　函数；第三章　指数运算与指数函数；第四章　对数运算与对数函数；第五章　函数应用 必修　第二册 第一章　三角函数；第四章　三角恒等变换 选择性必修　第二册 第一章　数列；第二章　导数及其应用
几何与代数	必修　第二册 第二章　平面向量及其应用；第五章　复数；第六章　立体几何初步 选择性必修　第一册 第一章　直线与圆；第二章　圆锥曲线；第三章　空间向量与立体几何
概率与统计	必修　第一册 第六章　统计；第七章　概率 选择性必修　第一册 第五章　计数原理；第六章　概率；第七章　统计案例
数学建模活动	数学建模活动的体现具有以下层次： 感悟数学应用 学习数学模型 学习数学建模 实践数学建模	必修　第一册 第八章　数学建模活动（一） 必修　第二册 第三章　数学建模活动（二） 选择性必修　第一册 第四章　数学建模活动（三）
数学探究活动	选择性必修　第一册 第三章　空间向量与立体几何 数学探究活动（一）：正方体截面探究 选择性必修　第二册 第二章　导数及其应用 数学探究活动（二）探究函数性质
数学文化	众多章节中的名人名言、阅读材料和拓展窗口等

（三）栏目设计

本套教材通过"问题提出""分析理解""实例分析""抽象概括""思

考交流""本章小结"等栏目，促进学生数学学科核心素养的落实与提高。

问题提出：结合"抽象概括"中的各种数学关系，提出与讲授内容相关的数学问题。

分析理解：帮助学生对"问题提出"中的数学问题进行分析，并逐步理解所讲授的数学知识。

实例分析：为学生提供与讲授内容相关的、熟悉的、便于理解的实例，帮助学生尽快进入相关情境。

抽象概括：借助数学语言，将实例中蕴含的各种关系抽象为数量和数量关系、图形和图形关系。

思考交流：在"分析理解"的基础上，提出具有思考价值的问题，供学生在课堂上进行交流，从而加深对所讲授数学知识的理解。

本章小结：在每章末尾处设置"本章小结"，帮助学生对一章内容进行梳理、复习。其中的"知识结构"子栏目，帮助学生梳理已学知识之间的逻辑关系，养成总结、反思的学习习惯；"需要关注的问题"子栏目，列举值得学生关注的核心问题，以帮助学生对本章内容进行再梳理、再认识，抓住本章的关键内容。

其他栏目：根据各章节自身的需要，设置了"阅读材料""学习指导""信息技术应用""名人名言"和"数学文化拓展窗口"等栏目。

二、教材的主要特色

（一）使核心素养与高中数学内容有机结合，成为发展学生核心素养的载体

1. 将数学学科核心素养融入数学内容

以必修第二册的"三角函数概念"形成过程为例。"三角函数概念"形成过程凸显了数学抽象的作用，经过分析研究，我们认识到学生对重要数学概念的理解不能一步到位，于是把"三角函数概念"形成过程分为以下几个阶段（图2）。

首先，推广角的概念，建立弧度制，说明弧度制的本质是将角的度量与长度的度量统一起来。有了这些准备，学生就会很自然地用单位圆上点的坐标定义任意角的三角函数，并以三角函数单位圆的定义为主，学习几种等价

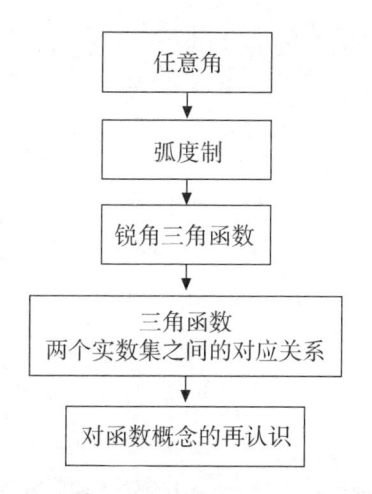

```
任意角
  ↓
弧度制
  ↓
锐角三角函数
  ↓
三角函数
两个实数集之间的对应关系
  ↓
对函数概念的再认识
```

图 2 "三角函数概念"的形成过程

的不同定义方式。初中的锐角三角函数知识是学习一般三角函数的基础，主要反映的是直角三角形的边角关系，而用函数观点重新认识锐角三角函数是抽象的第一步。教材在平面直角坐标系中，用单位圆上点的坐标重新表达了锐角三角函数的概念，体现了解析几何思想在抽象中的重要作用。抽象的第二步是建立任意角三角函数。抽象的第三步是感悟从以角度（大小）为自变量的三角函数关系，发展到反映从实数集到实数集的对应关系的三角函数关系，进一步体会弧度制的作用。抽象的第四步是让学生对函数概念形成完整的理解和认识，可以从三个方面理解函数的作用：从变量与变量之间关系的角度认识函数，从平面直角坐标系中图形的角度认识函数，从实数集到实数集的对应关系的角度认识函数。

本套教材重视数学概念、规则、命题、模型、方法、思想、结构、体系的形成过程，关注数学概念、规则发展的来龙去脉，展示命题、模型产生的背景，强调解决一类问题的通性通法和重要数学思想，帮助学生学会梳理知识、凝练数学结构、建立知识体系，把数学抽象素养融入上面的内容中，使学生能用这样的视角去认识、思考和描述世界。

2. 以章为"单元"，突出主要核心素养的落实

依照《课标》的要求，本套教材把每一章作为一个"单元"，每一章不仅包括丰富的数学内容、数学思想方法，还综合地体现了数学学科核心素养。每一章的章前语不仅概述了本章要解决的问题，需要学习的内容，还重点强

调了本章所要凸显的主要核心素养，引导学生学习和教师教学，把数学内容、思想方法与核心素养有机结合起来。

下面以必修第二册第六章"立体几何初步"为例，介绍如何落实直观想象这一核心素养。在第六章"立体几何初步"中，教材以"长方体模型"贯穿整个立体几何的教学与学习过程，落实促进学生直观想象素养的发展。具体体现在以下几个层次：（1）在长方体中认识点、线、面及其位置关系；（2）借助长方体理解基本事实；（3）依托长方体形成数学探究问题，全面地认识立体几何的内容。

3. 以发展的观点，促进学生数学学科核心素养的不断提升

以数学建模素养为例，教材凝聚我国开展"中学数学建模活动"近三十年的经验，使数学建模活动既与课程内容有机融合，又凸显数学建模活动的全过程；注重促进学生的实践能力和应用能力的发展，整体设计数学应用，系统落实数学建模活动与数学探究活动的内容主线，由浅入深，操作性强。

从简单的数学应用到较完整的数学建模，需要不断地积累经验，这是一个渐进的过程。数学应用不仅是学习数学的一个目的，数学应用的实践还会使学生对数学有更深刻的理解，增强数学学习的兴趣。因此，数学应用和数学建模要渗透到整个学习过程中。基于这种认识，本套教材设计了"感悟数学应用、学习数学模型、学习数学建模、实践数学建模"四个层次的内容，四个层次既是递进的，也是螺旋上升的关系。

（二）整体把握数学，凸显数学内容主线，揭示数学本质

本套教材特别重视数学的整体性，突出"主线—主题—单元—核心内容"的基本脉络，揭示数学本质。图3所示的框架图全面展示了函数主线的核心内容。

揭示数学本质成为本套教材的一个重要特色。例如，弧度的本质是用长度来度量角的大小，$y = A\sin(\omega x + \varphi)$ 的核心是周期性和相位，诱导公式的本质是对称性，随机变量的本质是映射，二项式定理的构造性证明本质是确定展开式每一项的特征及其系数等。

（三）通过丰富的形式促进学生"会学数学"

《课标》中指出，"通过高中数学课程的学习，学生能提高学习数学的兴

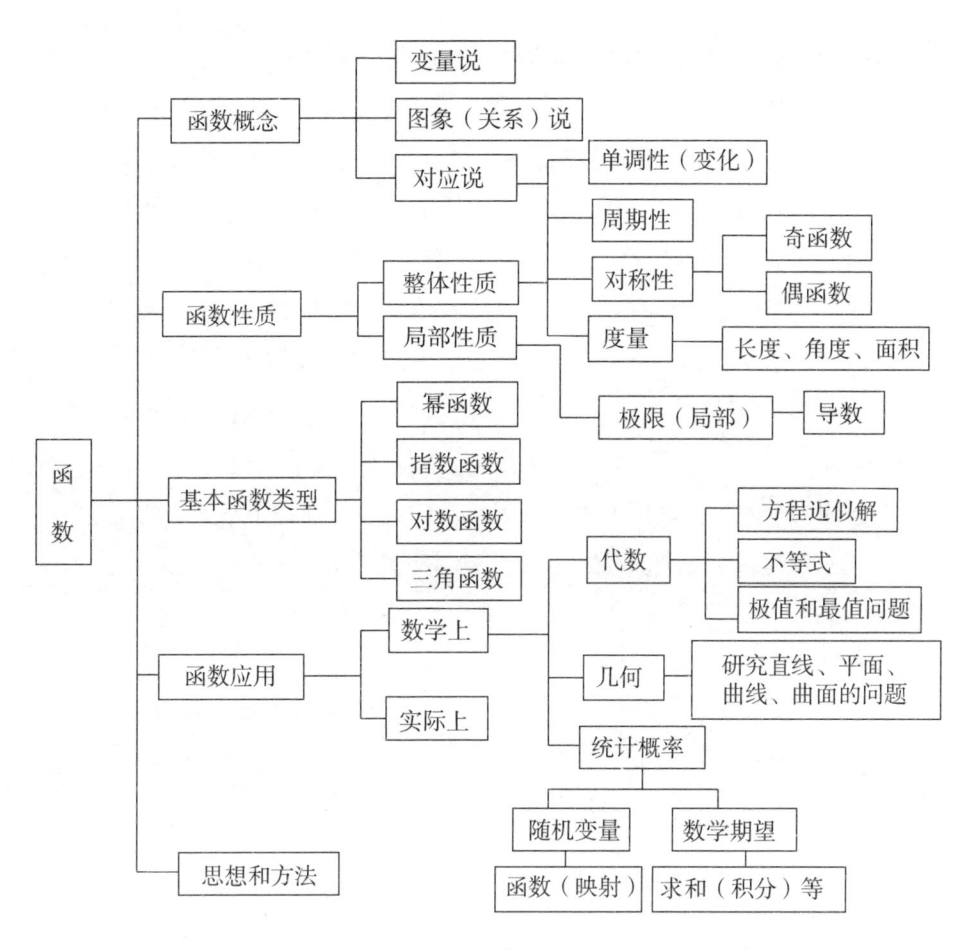

```
                    ┌─ 变量说
        ┌─ 函数概念 ─┼─ 图象（关系）说
        │           └─ 对应说 ─┬─ 单调性（变化）
        │                      ├─ 周期性        ┌─ 奇函数
        │           ┌─ 整体性质 ┼─ 对称性 ──────┤
        ├─ 函数性质 ─┤           │               └─ 偶函数
        │           └─ 局部性质 ┼─ 度量 ──── 长度、角度、面积
        │                      └─ 极限（局部）── 导数
        │           ┌─ 幂函数
函数 ───┤           ├─ 指数函数                    ┌─ 方程近似解
        ├─ 基本函数类型 ─┤                         │
        │           ├─ 对数函数    ┌─ 代数 ────────┼─ 不等式
        │           └─ 三角函数    │               └─ 极值和最值问题
        │           ┌─ 数学上      ├─ 几何 ──── 研究直线、平面、
        ├─ 函数应用 ─┤              │             曲线、曲面的问题
        │           └─ 实际上      └─ 统计概率
        │                              ├─ 随机变量 ── 函数（映射）
        │                              └─ 数学期望 ── 求和（积分）等
        └─ 思想和方法
```

图3　函数主线

趣，增强学好数学的自信心，养成良好的数学学习习惯，发展自主学习的能力；树立敢于质疑、善于思考、严谨求实的科学精神"。基于上述目标，教材充分关注了学生"会学数学"。我们认为，教材要担负引导学生学习数学的责任，使学生会学数学，培育学生敢于质疑、善于思考、严谨求实的科学精神。学生会学了，兴趣就会提高，自信心就会增强，也才能真正体现高中教育的"基础性"，奠定学生终身学习的基础。本套教材对学生"会学数学"能力的培养主要体现在以下几个方面。

1. 主编寄语。教材开篇的"主编寄语"强调从"学会"到"会学"，突出"授人以鱼，不如授人以渔"和问题在数学中的重要性。

2. 学习指导。我们专门在必修第一册为学生写了两篇"学习指导"，一篇是《数学文化》,另一篇是《利用信息技术学习数学》。"学习指导"直接引导学生学习时从具体学习对象中"跳"出来,感悟数学的价值并学会利用信息技术手段发现数学规律。"学习指导"这种形式类似于教材编者写给学生的信,就专门的问题与学生交流思想,以引起学生的重视。

3. 知识结构图。每章的"本章小结"都有一个知识结构图。教材的知识结构图并不是知识点的简单汇集,而是体现知识之间的逻辑关系、先后顺序等,以便更好地帮助学生形成总结、反思的习惯。

4. 提出需要关注的问题。每章的"本章小结"部分还设置了一个子栏目——"需要关注的问题",问题的个数一般在 5 个左右。通过这些问题,让学生在回顾已学知识的基础上再次认识本章的内容,抓住本章学习的关键。

5. 有层次地展开数学探究。主要包括以下几个方面。

（1）在所有章节普遍设置了以探究为特征的"思考交流"栏目。例如,在学习基本不等式时,"思考交流"的内容是"借助一个图形自己去发现其中的不等式",引导学生关注代数结论的几何解释,不仅借助直观理解代数结论,记忆代数结论,建立知识之间的联系,还创造性地借助直观从几何图形中去发现代数结论。这个过程也给学生提供了一种探究的思路和方法。

（2）在知识内容中渗透探究的方法。教材不仅要对数学结论给予适当的论证,还要展示探究、发现数学结论的思维过程,为学生学习探究方法提供资源。考虑到学生刚刚进入高中不久就学习指数函数存在一定难度,教材没有局限于告知指数函数的图象与性质,还重点示范了研究函数的图象和性质的思维过程,采取递进的方式分三步进行：先研究 $y=2^x$ 和 $y=3^x$,再研究 $y=(\frac{1}{2})^x$ 和 $y=(\frac{1}{3})^x$,最后研究 $y=2^x$ 和 $y=(\frac{1}{2})^x$。这样一对一对地从特殊底数出发,进而抽象出一般指数函数的图象和性质。

在编写"函数 $y=A\sin(\omega x+\varphi)$ 的性质与图象"时,也是以探究过程展开,索性直接将"探究"二字写进了小节的标题："6.1 探究 ω 对 $y=\sin\omega x$ 的图象的影响""6.2 探究 φ 对 $y=\sin(x+\varphi)$ 的图象的影响"和"6.3 探究 A 对 $y=A\sin(\omega x+\varphi)$ 的图象的影响"。其实只分析一个 $y=A\sin(\omega x+\varphi)$ 的具体例子,也能说明这个函数的图象和性质,但我们没有这样做,而是绕了一个弯子,这个弯子是有价值的,使学生获得了知识以外的探究方法,方法比知识更重要!

(3)设置数学探究课。按照《课标》要求,本套教材为数学探究设置了专门的内容,在选择性必修第一册和第二册分别从几何和代数两方面各安排了一次数学探究活动。如:"空间向量与立体几何"一章的最后一节是"数学探究活动(一):正方体截面探究"。学生的探究方法灵活多样(如:用纸笔画图、用刀切实物模型;往密闭的、透明的立方体盒子里分别注入适量的水,转动盒子、观察水面的形状),探究过程生动活泼,趣味横生。"导数及其应用"一章的最后一节是"数学探究活动(二):探究函数性质",研究抽象函数 $f(x)=ax^3+bx^2+cx+d$ $(a\neq 0)$ 的性质和图象。两个探究活动都嵌在了某一章的最后,这就使探究成为一种新的结束,不仅显示出探究是有生长点的,还引导学生带着问题结束了阶段性学习。

6. 信息技术的应用。本套教材充分考虑到信息社会对公民的要求和信息技术对数学学习的影响,把信息技术与数学学习融合在一起。如为了让学生增加软件知识,会用软件工具,教材专门介绍了数学软件 GeoGebra 等。通过设置"信息技术应用"栏目,使学生体验信息技术,感悟利用信息技术学习数学的优势,丰富研究问题的方法。在正文的拓展窗口设计"信息技术建议",根据具体知识学习的需要,适时给出使用信息技术的建议,让信息技术的使用落到实处。

2019版普通高中数学（鄂教版）教材编写理念及特色

胡典顺[①]

根据教育部《关于全面深化课程改革 落实立德树人根本任务的意见》精神，按照《普通高中数学课程标准（2017年版）》的基本理念和要求，思考如何提升学生的数学核心素养，成为湖北教育出版社组织专家编写普通高中数学教科书（以下简称"HEP教材"）的基本出发点。HEP教材由华中师范大学数学与统计学院彭双阶教授任主编，在编写组成员的努力下，必修课程1、2、3、4和选择性必修课程1、2、3共七册，已通过全国中小学教材审定委员会多轮审核，于2019年9月正式投入使用。

一、指导思想

（一）以发展学生的数学核心素养为本，彰显数学的育人价值

教材作为课程最为重要的资源，直接影响着教师的教与学生的学，也影响着学生数学核心素养的发展。不同的教材编排方式对于学生数学核心素养发展的作用是不同的。HEP教材指向学生数学核心素养的培育，从培养适应未来社会的人的角度彰显数学课程的育人价值，除了强化数学作为解决具体问题的实用工具性作用外，还特别注重彰显数学的文化价值；既保证学生获得必要的数学知识和思维训练，又着力发展学生的数学核心素养和培养学生的创新意识，让学生在学习数学的过程中获得良好的情感体验，全面理解数学的科学价值、应用价值和文化价值，具备终身学习的愿望和能力。

（二）落实课程标准的性质、理念和目标，优化教材结构

HEP教材既提供高质量的必修课程，又坚持提供有利于学生个性发展的选择性必修课程。根据必修课程和选择性必修课程的不同特点，确定不同的呈现方式，注意加强同一主题内部知识的优化整合，注重对必修课程和选择

[①] 胡典顺，华中师范大学数学与统计学院教授，博士研究生导师，HEP教材副主编。

性必修课程相互融合的研究，让学生在学习必修课程的同时，产生学习选择性必修课程的意向，又在选择性必修课程的学习中加深对必修课程知识的理解，让学生在运用数学观念、数学思维和数学探究中发展数学应用意识和创新能力，激发学习数学的兴趣，树立学好数学的信心。同时，使学生在发现问题、提出问题、分析问题、解决问题，以及合作交流过程中实现数学核心素养的提升。

（三）以"三个有利于"为准则，助推基于数学核心素养的教与学

一是有利于体现数学的本质。教材体现数学知识发生、发展的过程，有助于促进学生对数学本质的认识和理解，发挥数学的内在力量，用数学的方式落实立德树人根本任务。

二是有利于发展学生的数学核心素养。让学生在掌握所学数学知识技能的同时，积累数学活动经验，发展数学核心素养。我们用两条线索构建教材：其一是明线，主要从情境到概念、性质、定理、应用等；其二是暗线，主要从知识到数学思想方法，直至数学核心素养的提升。

三是有利于实施基于数学核心素养的教学。发展学生的数学核心素养是通过数学教师的教学来实现的，数学核心素养的发展蕴含于教学之中。教材是学生学习的依据，也是教师教学的蓝本，HEP教材致力于为教师提升学生的数学核心素养提供必要准备。

（四）构建有利于学生主动学习的教材内容呈现和表达方式

编写组着力改进教材的呈现和表达方式，重视数学的探究过程和思维方法的培养，引导学生积极参与知识的获取过程，加强数学课题学习，提高学生的学习兴趣和求知欲。内容的呈现既反映数学发展的规律，又遵循学生的认知规律，从具体到抽象、从特殊到一般、从感性到理性；既展现数学知识发生、发展的过程，展示数学的魅力，又设置具有启发性、挑战性的问题，为学生的自主探索留出空间。

二、基本原则

思想性。坚持正确的政治方向，践行社会主义核心价值观，弘扬中华优秀传统文化，反映我国社会主义建设的伟大成就，引导学生形成正确的世界

观、人生观、价值观，培养学生良好的道德品质和健全人格。

科学性。保证教材内容的准确性，编排体系的完整性、有序性，符合数学教学规律和学生的认知规律，有利于落实学生数学核心素养。

教育性。以发展学生数学核心素养为目标，以数学知识的发生、发展为逻辑线索，精心选择学习素材、创设数学情境、设计系列数学活动，为提升学生数学核心素养提供必要素材，提高教材内容的趣味性和教育性。

时代性。反映数学与现实生活、经济发展的密切联系，情境、素材、数据等既反映时代变化，又联系学生熟悉的现实生活，强化数学的教育功能，加强数学与现代信息技术的整合。

实用性。有利于教师创造性地教学，有利于学生主动地学习，注重让相关数学知识形成相对独立的数学知识团，对发展学生的数学核心素养，培养学生的应用意识、创新意识和实践能力起到积极的促进作用。

可读性。由浅入深，由具体到抽象，由特殊到一般，入口较浅，但寓意深远，激发学生对数学的持久兴趣和求知欲，形成良好的学习方式和数学情感。

三、教材特色

（一）落实学科素养，注重数学与社会生活的联系，体现数学的文化价值

HEP教材注重树立科学的质量观，把促进人的发展、使人适应未来社会需要作为衡量数学教材质量的标准。用数学的方式落实立德树人思想，强调提升学生服务于国家和人民的责任感，培养学生勇于探索的创新精神。数学核心素养体现了新时代数学教育教学的价值追求，HEP教材聚焦数学核心素养，为学生的终身发展奠定基础。例如，通过必修1"阅读与讨论：类比推理"的学习，提升学生的逻辑推理素养；通过必修2"阅读与讨论：信息技术模拟函数模型并检验"的学习，提升学生的数学建模素养；通过必修4"分位数应用案例——阶梯电价"的学习，提升学生的数据分析素养，同时也促进学生养成良好的环保意识。HEP教材注重由具体到抽象、由特殊到一般等认知规律的呈现，不仅有助于减轻学生的认知困难，还能提升学生的数学抽象素养和数学运算素养。

HEP 教材重视引导学生认识数学的科学价值、应用价值和文化价值。教材关注数学与社会、数学与生活的联系，让学生了解数学的文化价值，知道数学与人类文化息息相关。教材在多个方面体现着数学文化与数学课程内容的整合与渗透，如章头图中的画面蕴涵着数学与自然的关系；在正文中通过相关知识介绍数学文化，通过"阅读与讨论"中"希尔伯特旅馆""斐波那契数列""微积分的创立与发展"等内容的设置，介绍数学家与数学发展的历史；在习题中，提供多种数学文化素材，既展示了我国古代的数学成就，又培养了学生的直观想象等数学核心素养。

（二）优化课程结构，为适应不同兴趣和知识需要的学生设计不同的学习内容

HEP 教材努力帮助学生实现以下目标：会用数学的眼光观察现实世界，会用数学的思维思考现实世界，会用数学的语言表达现实世界。教材充分考虑到学生对知识的理解与接受能力，根据不同主题内容的特点，以及在教学过程中的不同作用，以不同方式体现统一的指导思想——既反映科学和数学的发展，又体现数学在把我国建成社会主义现代化强国中的作用；生动而不刻板、内在而不只是形式地选用和组织材料，激发学生的求知欲望；使用多种教学手段，既有助于使整个教学过程充满创造性，促使学生在学习中学会创新，又能克服传统教材比较沉闷的缺点。

HEP 教材对必修课程和选择性必修课程进行了整体规划，注重教材的层次性与知识之间的内在联系。我们将必修课程的五个主题编写成四册教材，分别是预备知识、函数、几何与代数以及概率与统计，将数学建模活动和数学探究活动分别融入四册教材中。必修课程面向所有学生，使每一个学生都获得必备的数学核心素养和数学知识。我们将选择性必修课程的四个主题编写成三册教材，分别是函数、几何与代数以及概率与统计，将数学建模活动和数学探究活动分别融入三册教材中。选择性必修课程旨在充分满足学生选择的需要，使学生的数学核心素养获得最佳发展。必修课程和选择性必修课程共七册，编写组统一考虑各册之间的联系，并建立与其他学科的联系。在实际教学中，教师可根据实际情况自主选择，既可以按照各册内容逐步推进，也可以根据不同的知识主线共同推进。教材注重整体布局，以多样化风格的

共同作用来实现课程目标，例如，每章后的复习题都分 A、B 组进行编写，以满足不同水平学生的学习需求。

（三）重视内容组织，把握数学发展的基本线索，为数学核心素养教学实践提供平台

HEP 教材为教师搭建教学平台，用恰当的形式来表现内容。教材从具体实例出发，展现数学知识的发生发展过程，以及知识之间的内在联系，让学生能够从中发现问题、提出问题、分析问题、解决问题，经历数学的发现和创造过程并了解知识的来龙去脉，在不同的知识层面上思考知识之间的内在联系与数学本质。如通过"问题情境"引出章头语；设置引发学生思考的旁批；在阅读部分增设了讨论的环节，同时提供"思考与实践"作业，扩展了作业的形态；等等。实际上，引发学生对数学的兴趣，需要问题和背景；保持学生对数学的兴趣，要靠逻辑的力量和理性思考；发展学生对数学的兴趣，必须借助于应用、探究和开阔的视野。HEP 教材在结构体例上的运行顺序为：章头语、正文、课题学习与作业等，这体现了与上述环节的对应，有利于教师把教学纳入认知与情感和谐统一的轨道。

HEP 教材的内容组织考虑了可读性与思想性、基础性与发展性、趣味性与专业性的结合。教材注重遵循数学学习的一般规律，结合学生的学习习惯与认知水平对数学内容做出相应的调整。这种调整不仅更符合数学学习的一般规律，还有利于培养学生的学习能力，更好地促进学生数学核心素养的提升。无论是正文还是思考题，突出的是过程而不是结果，通过求解一些较难的数学问题培养学生合作与交流的能力，让学生体验征服困难的乐趣，提升数学建模等数学核心素养，进而培养创新精神。

（四）注重情境设计，引导学生遵循数学发现的内在规律开展思维活动

HEP 教材注重问题情境的创设。以章头语为例，通过问题情境让学生初步了解本章研究的问题，从而产生学好本章的愿望。如"平面向量"的章头语，首先设计了一个机器人执行任务的情境，使学生直观上觉得仅用数量来刻画一些事物是不够的，这样就有了向量产生的必要性。在说明向量来源于物理、向量进入数学的意义、向量作为数学概念具有更加广泛应用等的基础上，推出全章的主题。"圆锥曲线与方程"的章头语则源于历史背景，通过对天体运动和圆锥截面实验的描述,把学生带入历史长河,这里有开普勒、伽利略的卓越贡献,有远古时代阿波罗尼奥斯的智慧,也有来自生活现实的广泛应用,让学生在历史镜头的叠合中感受人类智慧的伟大,在自然现象的联系中体验圆锥曲线的奥秘,在出人意料的惊叹中渐入佳境,进入课题。"函数的应用"的章头语向学生描述函数是刻画客观世界中变化现象的工具,展示一些社会发展中的重要内容,如人口、环境、疾病控制和经济规律等,使学生从人文关怀的高度生发学好数学的愿望。

HEP教材正文部分着力表现数学发展的规律,让学生体验数学发现的过程,而数学探究部分则让数学的这一精神得以升华。如"数学探究:两直线夹角的向量表示",对正文而言,它是拓展和应用,对后面的思考与实践作业而言,又起到范例的作用。

(五) 重视数学活动设计,为学习方式的多元化提供丰富的素材

HEP教材重视数学活动设计,把课程标准中将"数学文化、数学建模、数学探究渗透在每个专题中"的要求,落实在"数学建模""数学实验""课题学习""数学探究""阅读与讨论""思考与实践"等栏目中,这不仅提供了程序上的保证,还提供了操作性内容。"思考与实践"通过提出问题、给出建议的方式,让学生去思考、去操作。既有思考,又有讨论;讨论问题既是对阅读方式的指导,又有助于加深学生对阅读内容的理解;既有资料收集,又有实习作业;既有问题研究,又有实验报告撰写,为学生从事数学活动开辟了多彩的园地。

教材加强数学建模的学习,引导学生关注现实,从数学的角度思考现实中的问题。如函数中人口增长模型的设计:先由统计数据绘出散点图,再通过对散点图的观察选择函数进行拟合,最后通过比较误差确定合适的函数模型。这里不是直接把"人口按指数模型增长"这个事实告诉学生,而是着眼于让学生自主探索。

教材针对函数、几何与代数、概率与统计等内容中的主要概念的学习,设计了丰富多彩的数学活动,让学生通过观察、分析、操作、归纳、猜想、验证、推理、建模等活动,对生活中的实际问题进行探究,引导学生得出数学结论。通过选取一些有意义的数学活动,让学生去探索研讨,激发学生发现问题的欲望。借助生动活泼的素材和数学思维活动渗透数学思想方法，让学生通过切身的体验认识数学的价值，促进数学世界和学生情感世界的有效融合。通过数学活动处理其他学科和现实生活中的问题，让学生认识到数学是各门科学技术必不可少的重要工具，感受数学与现实世界的和谐统一，体验数学问题与数学结论的美妙有趣，体会数学的重要作用，进而热爱数学，形成正确的数学情感体验。通过数学活动，激发学生进行思考，鼓励学生自主探索，并在独立思考的基础上进行讨论、合作、交流、互动等，在思考、探索和交流的过程中获得对数学较为全面深入的体验和理解。

（六）强调直观描述与理性追求的统一，体现图文并茂、生动形象的呈现方式

HEP 教材在突出趣味性的同时，特别注重理性精神的培养。教材通过引用大量的案例、实验来说明问题，同时又注意避免让学生把直觉、常识看成真理。关注学生已有的数学活动经验，注重初高中数学知识的衔接，新知引入的逻辑起点往往结合具体问题或具体内容，从不同侧面、不同切入点，以生动活泼的方式展开。通过观察、归纳、类比、联想等方式，引导学生提出猜想，进而验证猜想结论的合理性与准确性，养成良好的理性思维习惯。关注数学知识的直观描述与理性精神的统一，关注学术形态与教育形态的融合。让学生体验数学结论的确定性、数学方法的严谨性、数学思维的逻辑性，养成严谨的学风，发展直观想象以及逻辑思维等数学核心素养。

以"二分法求方程的近似解"为例。这里既不宜呈现严密的理论论证过程，又不能不讲清道理；重点在讲清算法，又要给算法一个适当的理由，以突出函数的作用。HEP 教材采用的方式是把特定条件下"连续曲线与 x 轴相交"的事实作为直观依据，介绍算法步骤后，再提供不同层次的例子，这样既体现了现代数学理念，又继承了传统数学经验中合理的部分。为解决既不能过分形式化又要加强思维训练的矛盾，在"旁批"中提出了启发性的问题；在"思考与实践"中设置了发展性的思考题；在"阅读与讨论""课题学习"中适当强化了理性精神的因素。如"阅读与讨论：几何图形与向量关系"部分，在学习向量的基础上，把向量语言和图形语言进行互相转化，让学生体会数学语言的简洁与明晰，使学生掌握用向量方法处理几何问题的基本方法，而不是仅仅停留在经验的层次。

（七）注重信息技术与数学课程的整合，渗透人工智能，提倡数学实验

HEP 教材注重信息技术与数学课程的整合，促进学生理解数学概念、探索数学结论，以及解决较为复杂的数学问题，培养学生的创新精神和实践能力，激发学习积极性，拓展思维空间，提高学习效率。人工智能的内容有的直接进入正文，有的结合正文内容进行安排。在创设数学问题情境、进行数学知识探究与拓展、数学知识应用等环节，始终注重把信息技术作为一种让学生主动探究、进行分析研究的工具，让学生利用信息技术去发现、去创造，同时也为学生学习和掌握信息技术提供平台，增强学生自觉运用信息技术解决问题的意识和能力。为此，教材开辟信息技术链接专栏，通过数学实验等形式给学生提供用实验的方式进行探索和研究的机会。

针对在教材中难以呈现的部分内容，教材配备了相应的信息技术链接，如"椭圆定义""指数函数的性质"等内容。在能够融入数学实验的内容中，充分体现信息技术与数学课程的整合，如估计圆周率 π，通过单摆运动观察正弦曲线，通过画球面镜反射平行光线的图象来观察聚光效果等。教材提供了适合运用计算机进行数学实验的素材，如圆锥曲线中的"课题学习：轨迹的探求"，以 GeoGebra 等软件为工具，教给学生用计算机处理问题的基本步骤，通过数学实验提升数学建模等数学核心素养。注重渗透人工智能相关知识，如统计中的"阅读与讨论：大数据时代"，通过介绍智能交通管控指挥平台让学生了解人工智能在现实生活中的应用。在课题学习中的"思考题"和"思考与实践"部分提出了利用互联网收集资料的要求，以此提高学生发现问题、提出问题、分析问题及解决问题的能力。

落实核心素养的教材编写

——以 2019 版普通高中数学（鄂教版）教材为例

胡典顺[①]

教材作为承载着国家教育意志、教育目标和教育内容的重要资源，是教师教与学生学的重要依据，是立德树人的关键和核心。如果教材没有编写好，立德树人就无从谈起。而在教材编写和学科教学中，落实学科核心素养是立德树人的一种具体体现。因此，如何落实数学学科核心素养是 2019 版普通高中数学教材编写的基本出发点。本文以湖北教育出版社组织专家编写的《普通高中教科书·数学》（又称"鄂教版"教材，以下简称"HEP 教材"）为例，阐述 HEP 教材如何把提升学生数学学科核心素养的理念与要求落实在教材编写中。

一、落实数学学科核心素养：教材编写的必然诉求

在当今教育改革浪潮中，联合国教科文组织、欧盟、经合组织等国际组织，以及世界各个国家和地区都对以"素养"为核心的未来教学和课程给予了高度的关注，以发展学生核心素养推动教育和课程改革已经是大势所趋[1]。2014 年，教育部发布《关于全面深化课程改革 落实立德树人根本任务的意见》，提出了"核心素养"以及"学科核心素养"的概念。2016 年 9 月，中国学生发展核心素养研究成果正式发布，随后普通高中各学科课程标准中融入并明确了学科核心素养。课程与教材是落实核心素养的主要载体，传统意义上指向学科内容的课程设计要向指向核心素养的课程设计转变，而指向核心素养的课程设计的核心则在于由学科知识走向核心素养。指向核心素养的教材编写必须精选对发展学生核心素养具有重要价值的课程内容，从中国学生发展核心素养的总体框架出发，分解和细化不同学段（年级）、不同主题、

---

① 胡典顺，华中师范大学数学与统计学学院教授，博士研究生导师，HEP 教材副主编。

不同内容、不同单元的课程目标和素养要求。

数学素养是现代社会每一个公民应具备的基本素养。数学学科核心素养是学生发展核心素养在数学学科中的具体化,是数学育人价值的集中体现[2]。《普通高中数学课程标准(2017年版)》明确提出,数学教材的编写要全面落实立德树人的基本要求,充分体现数学学科特有的育人价值与功能,贯穿发展学生数学学科核心素养的主线;发展学生数学学科核心素养是数学课程的核心目标,是教材编写的宗旨。高中数学教材为教学提供了学习主题、基本线索与具体内容,是实现数学课程目标的重要载体,是影响学生学习机会的重要因素,也是提升学生数学学科核心素养最重要的教学资源。编写以提升学生数学学科核心素养为特色的教科书是HEP教材的重要理念与要求。在数学学科核心素养的框架下,如何把提升学生核心素养的理念与要求落实在数学教材中,如何精心地组织数学知识、数学技能、数学基本思想以及数学活动经验,最大化地促进学生数学学科核心素养的养成,对教材编者而言,既是一个巨大的挑战,也是适应时代要求的教材编写的必然诉求。

二、落实数学学科核心素养的立足点:优化课程体系和结构

碎片化的知识无法让学生积累活动经验,感悟数学思想方法,只有对知识的整体考虑才有利于学生核心素养的提升[3]。HEP教材注重教材的整体设计,重视课程体系和结构的优化;为适应不同兴趣、知识需要的学生设计不同的内容和学习水平;充分考虑学生对知识的理解与接受能力,让学生数学学科核心素养的发展与课程的学习相结合。发展学生的数学学科核心素养是通过数学内容的有效组织来实现的,数学学科核心素养发展蕴含于教材的整体设计之中。HEP教材注重帮助学生形成提升核心素养的完整逻辑链条,不仅通盘地考虑数学知识的完整性、有序性,使其呈现方式符合数学教学规律和学生认知规律,而且对每个主题内容、每个单元、每个章节的具体内容的教学设计也会进行整体考虑,以有利于数学学科核心素养的落实。

在HEP教材的编写过程中,对必修课程和选择性必修课程的课程结构进行了优化。教材突出函数、几何与代数、概率与统计等内容主线,加强数学建模、数学探究等数学应用,融入数学文化,让数学文化贯穿于教材的始终。

HEP 教材的编写结构如图 1 所示。

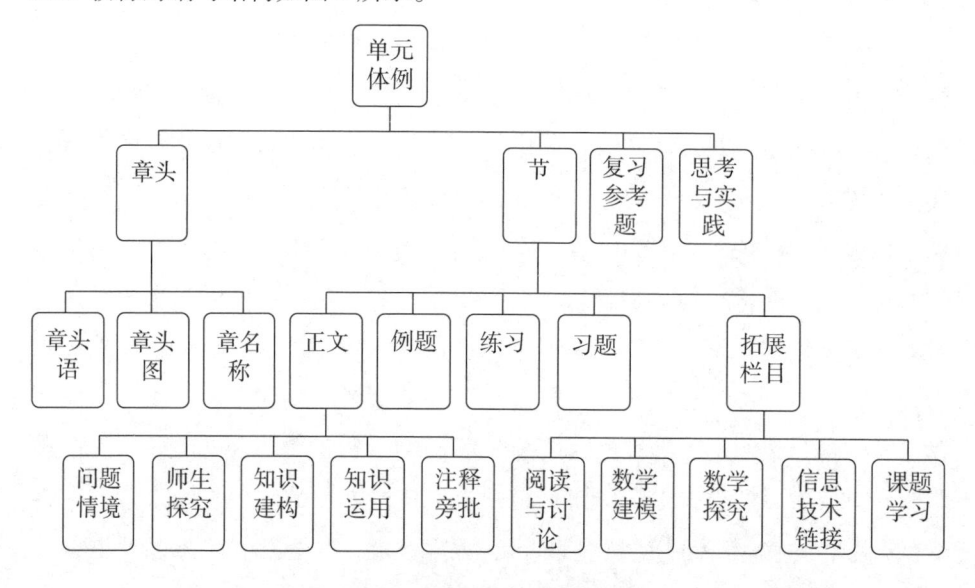

图 1　HEP 教材的编写结构

章头语、章头图：交代背景，提出问题，引入主题，让学生明确本章的学习任务，建立主动学习的心理基础。

正文：通过问题情境的设置，让师生共同探究，经历数学概念的形成过程，达到对数学概念的深度理解。在知识建构的过程中，帮助学生形成良好的认知结构，并体会数学知识在实践生活中的运用，形成良好的数学情感。

旁批：提出一些有思考价值的拓展性问题，引导学生进一步深入思考。

例题：通过知识的运用巩固新知，进一步对数学知识及运用方法与过程进行归纳。

练习：对新知的及时反馈与巩固。

习题：课后作业，对知识的进一步巩固、反思与提高。

拓展栏目：开拓数学视野，渗透数学文化，设计具有启发性与挑战性的内容和问题。在独立思考和合作交流的基础上，在探索和交流的过程中获得对数学较为全面深入的体验和理解。

复习参考题：分 A、B 两组，供教师在落实不同教学要求时使用，凸显巩固知识与拓展延伸的目的。

思考与实践：关于数学调查、数学建模、数学实验、数学探究等方面的作业，激发学生进行思考，鼓励学生自主实践。

HEP教材在体系和结构上的优化还体现在以下几个方面：渗透数学文化，让学生认识到数学是人类文化的重要组成部分；更新数学情境、素材、数据等，联系学生的生活实际，让学生形成良好的数学情感；严格把握例题、练习、习题中每个题目的难度，明确每个题目的数学教育价值；更新和增强拓展栏目的内容，为提升学生数学学科核心素养提供必要素材；注重信息技术与数学课程的整合，引导学生在丰富的情境中进行探究，促进学生理解数学概念、探索数学结论以及解决较为复杂的数学问题，培养学生的创新精神和实践能力。

三、落实数学学科核心素养的着眼点：注重数学知识团的构建

东北师范大学史宁中教授在比较教材难度的研究中提出了知识团的概念，认为所谓知识团即知识点的结合、知识点之间的组合[4]。知识团可以帮助我们厘清知识点及其之间的关系，克服知识点碎片化的缺陷，让我们对知识点之间的联系有明确、清晰的认识，意识到知识点不是一个个独立的个体，而是一条知识链中不可或缺的一环[5]。数学学科核心素养的形成是以数学知识内容为载体的。数学知识之间相互联系，明晰数学知识点之间的关系，对数学教材的编写具有重要意义，构建数学知识团可以促进学生对数学知识的理解与运用。HEP教材的编写特点之一是对知识内容进行了重组，使课程结构清晰明了，知识内容的联系更加紧密。让数学知识形成一些相对独立的数学知识团，有利于学生形成良好的数学知识结构，也有利于教师进行教学设计。

以"空间几何体"为例，HEP教材对内容呈现方式进行了改进，把"棱柱、棱锥、棱台、球的表面积和体积"等相关内容整合到"空间几何体"这一节内容中，形成"识图、画图、算图"紧密联系的数学知识链条，让学生构建起识图（会认识立体图形）、画图（会用斜二测画法画立体图形）、算图（会计算立体图形的面积与体积等）的知识体系。从小学到中学的数学教材一直有立体图形的相关内容，HEP教材这样编写既能体现各学段立体几何知识的衔接，又能进一步促进学生对数学知识的理解与掌握。

又如，在"三角函数"内容的编写中，将三角函数作为一个内容整体按

照如下数学知识团呈现：任意角与弧度制、三角函数定义、三角函数图象与性质以及三角函数的应用等。将原来的两节内容（即"任意角"和"弧度制"）合为一节内容（即"任意角与弧度制"），加强内容的整合。把同角三角函数的基本关系、诱导公式等纳入"任意角三角函数定义"这一节中，学习完定义后，推导出两个基本关系式，再接着讲解三角函数的诱导公式，使得该部分内容更加紧凑。把正弦、余弦、正切函数的图象与性质统一纳入"三角函数的图象与性质"一节中，形成若干个数学知识团。

再如，编写"从函数观点看一元二次方程和一元二次不等式"时，HEP教材编写团队在研讨过程中，一开始考虑把该内容独立作为一章，但经过反复研讨，最后决定把这部分内容整体放入"不等式初步"这一章。这样处理不仅对内容进行了精简，而且达到了内容整合的目的；同时，让高中内容和初中内容更好地衔接，降低了学生学习新知的难度。教材通过对比的方式，让学生在学习新知的过程中，意识到"相等"与"不等"，"等式"与"不等式"的鲜明对比，明确哪些性质它们是相同的，哪些是不同的。

其实，HEP教材中关于数学知识团的构建的内容还有很多。例如，在"平面向量及应用"这一章中，构建了四个数学知识团，即向量的概念、向量的运算、向量基本定理及向量的应用；在"复数"这一章中，构建了三个数学知识团，即复数的概念、复数的运算以及复数的三角表示；在"空间直线与平面"内容中，形成了平面的基本性质、空间两条直线的位置关系、直线与平面的位置关系以及平面与平面的位置关系四个知识团，通过这样的调整，立体几何知识网络更加清晰。总之，HEP教材编写时考虑到学生的接受能力，努力体现数学知识的形成过程，以数学知识团的构建推动学生的学与教师的教，真正做到学与教的过程协调一致。

四、落实数学学科核心素养的助推点：设计丰富多彩的数学活动

基于核心素养的教材编写，要为学生学习设计丰富多彩的数学活动，为学生数学活动经验的积累搭建平台，让其成为发展学生核心素养的沃土；让学生在数学活动中，经历数学实践过程，掌握实践性知识、规则与技能，建构对数学知识的理解，解决实际问题，培养实践能力和创新能力。数学学科

核心素养的提升是以数学活动为路径而逐步实现的。HEP教材通过设计"数学建模""数学探究""数学实验""课程学习""阅读与讨论""思考与实践"等丰富的数学活动，为实现教学形式和学习方式的多元化提供了丰富的素材和形式。

HEP教材充分考虑到可读性与思想性，基础性与发展性，趣味性与专业性的结合，设计的数学活动具有可操作性、层次性以及连贯性，希望以数学活动为载体，通过师生共同参与，让学生将书本知识与现实世界联系起来，运用所学知识解决现实生活中的问题。例如，学生可以通过"阅读与讨论：信息技术模拟函数模型并检验"这一内容，体会数学建模思想；在"课题学习：数学建模——人口增长模型"这一数学活动中，学生可以先由统计数据绘出散点图，再基于对散点图的观察选择函数进行拟合，最后通过比较误差确定合适的函数模型，该活动有助于让学生认识人口增长的经典模型，并从中学习数学建模的相关步骤。HEP教材在充满思维含量和挑战性的数学活动中，引导学生独立思考，清晰表达自己的思想，有效地与他人交流与合作，让学生的数学思维真正活跃起来，让数学学习真正指向数学学科核心素养的发展。

核心素养不是直接由教师教出来的，而是学生借助具体问题解决的实践逐步培养、发展和积累起来的。HEP教材中数学活动的设计不仅联系学生熟悉的客观现实，而且反映时代热点问题和科技进步成果，重视数据的真实性和时代性，如人口数量、城市气温预报数据、环保数据、城市交通、居民用电等。让学生通过现实中的各种数学情境，解决有价值的真实任务，是数学学科核心素养养成的重要依托；让学生不仅体会到数学有用，形成正确的数学价值观，而且养成善于用数学的眼光关注社会生活中问题的习惯和品质，并尝试用数学的方法进行解决。

五、落实数学学科核心素养的关键点：展现数学知识的形成过程

HEP教材在编写时注重情境设计，重视数学概念和数学知识的形成过程，充分体现知识的过程性，让学生不再觉得数学知识是冰冷、刻板的，而是火热、鲜活的，真正体验到从冰冷的美丽到火热的思考的数学思维历程；让学

生在感悟数学思想、积累活动经验的同时，进一步形成和发展数学学科核心素养。

例如，在"圆锥曲线"内容的编写中，教材始终从问题情境出发，通过章头语、阅读与讨论、信息技术链接、数学实验等环节，揭示数学知识的来龙去脉，呈现数学发现的过程。教材不是直接教给学生椭圆的定义，而是着重揭示概念的形成过程。HEP教材以史为鉴，注重数学文化的渗透，借助阿波罗尼模型，探讨椭圆上的点所具备的规律，得到椭圆上的点所满足的条件，然后从这个条件中产生猜想，从而对这个猜想进行实验，在此基础上给出椭圆的定义。学生在这里实际上经历了一个"问题—观察—探究—猜想—实验—形成概念"的过程。

又如，在"三角恒等变换"内容的编写中，教材根据"问题—猜想—运算—证明"这一逻辑顺序进行整体设计，注重数学化的过程。在问题与猜想阶段，提高学生从数学角度发现和提出问题的能力，发展学生合情推理能力；在运算阶段，在提升学生数学运算素养的同时，发展学生的数学抽象思维，提高学生分析问题和解决问题的能力；在证明阶段，通过对结论的严格证明，让学生养成严谨论证的逻辑推理素养。这几个环节形成了一个提升学生数学学科核心素养的完整过程，在夯实基础知识、基本技能、基本思想和基本活动经验的同时，凸显发展学生数学学科核心素养的过程设计。

再如，在"概率与统计"内容的编写中，对于概率和统计中众多的数学概念和公式结论等，HEP教材并不是直接将它们告诉学生，更不是要求学生直接记住它们，而是通过设置数学探究、数学实验、课题学习、数学建模等专题，希望学生通过动手操作、小组合作等方式，对相关数学知识的产生、发展过程形成深刻的印象。同时，加强常用概率模型的讲解与巩固。在"概率与统计"这一主题中，HEP教材将概率中投掷骰子、投掷硬币、摸球实验三个常用模型贯穿于整个内容之中，包括知识的发生、发展以及知识的形成，例题、练习、习题的设计也紧密围绕这三个模型展开；在这三个模型的运用中，根据数学内容的不同，教材又逐步改变模型条件，如有放回、无放回，投掷一颗骰子、同时投掷两颗骰子等情况，让学生对概率知识能够深入理解并在实际生活中加以运用。教材利用这些模型帮助学生获得学习概率统计的有效方法,以这些模型为载体,让学生直观地认识和理解概率统计中的相关概念、公式以及定理,通过这些模型,发挥数学抽象的重要作用,进而提升数学的数据分析素养。

参考文献:

[1] 林崇德. 21世纪学生发展核心素养研究[M]. 北京:北京师范大学出版社,2016:12.

[2] 史宁中,王尚志. 普通高中数学课程标准(2017年版)解读[M]. 北京:高等教育出版社,2018:62.

[3] 胡典顺. 高中数学核心素养的教学——从两个教学片断谈起[J]. 数学通讯,2019(2):1-6.

[4] 史宁中,孔凡哲,严家丽,等. 十国高中数学教材的若干比较研究及启示[J]. 外国教育研究,2015(10):106-116.

[5] 于伟,黄东,卜庆刚. 基于"知识团"的中小学教师远程培训课程资源库建设[J]. 东北师大学报(哲学社会科学版),2017(3):140-145.

2019 版普通高中数学（湘教版）教科书的主要特色

张景中[①]　胡　旺[②]

为全面贯彻党的教育方针，认真落实教育部《关于全面深化课程改革 落实立德树人根本任务的意见》，加快实现教育现代化和建设教育强国的宏伟目标，并为学生的终身发展奠定良好基础，湖南教育出版社聘请以张景中、李尚志、郑志明教授为代表的十余位关心教育的数学家、数学教育专业人士、数学编辑共同组成教材编写委员会，编写了湘教版普通高中数学教科书。教材编委会遵循《普通高中数学课程标准（2017 年版）》确立的基本理念和目标要求，以发展学生数学核心素养为导向，通过选取体现时代发展、科技进步和符合学生生活经验的鲜活素材，采取符合学生认知规律的呈现方式，帮助学生在获得必要的基础知识和基本技能、感悟数学基本思想、积累数学基本活动经验的过程中，进一步发展其思维能力、实践能力和创新意识，编写出一套全面反映改革精神、具有中国特色的高中数学教材。

一、教材的体系结构

湘教版高中数学教材包含必修和选择性必修两类课程。必修课程由 5 个主题组成（含预备知识），共 144 课时，对应编写两册教材。选择性必修课程由 4 个主题组成，共 108 课时，对应编写两册教材。

高中数学课程内容分为四条主线：函数、几何与代数、统计与概率、数学建模活动与数学探究活动。合理设计内容主线的逻辑结构是整套教材体系结构的关键，我们特别关注以下几个方面：

（1）同一主线内容的纵向逻辑结构、不同主线内容之间的横向联系应体现数学应有的逻辑性和严谨性；

[①] 张景中，中国科学院院士，湘教版高中数学教材主编。
[②] 胡旺，湖南教育出版社副编审，湘教版高中数学教材副主编。

(2) 凸显主线内容与核心素养的相互融合；

(3) 在符合高中学生认知规律的基础上，循序渐进、螺旋上升；为解决初高中内容衔接的问题，增设预备知识；

(4) 高度关注数学建模活动与数学探究活动的实施，通盘考虑数学文化的渗透、现代信息技术的融合；

(5) 合理设计习题系统，重视习题编排的整体性、层次性、开放性和有效性，全面达成"学业质量标准"的相应要求。整套教材的基本架构如表1。

表1 湘教版高中数学教材的基本结构

册次	必修第一册	必修第二册	选择性必修第一册	选择性必修第二册
预备知识	第1章 集合与逻辑 第2章 一元二次函数、方程和不等式			
函数	第3章 函数的概念与性质 第4章 幂函数、指数函数和对数函数 第5章 三角函数	第2章 三角恒等变换	第1章 数列	第1章 导数及其应用
几何与代数		第1章 平面向量及其应用 第3章 复数 第4章 立体几何初步	第2章 平面解析几何初步 第3章 圆锥曲线与方程	第2章 空间向量与立体几何
概率与统计	第6章 统计学初步	第5章 概率	第4章 计数原理	第3章 概率 第4章 统计
数学建模		第6章 数学建模	数学建模专题（2个）	数学建模专题（2个）
其他	数学文化 数学实验			

二、教材的主要特色

（一）以学生发展为本，培养和提高学生的数学核心素养

1. 在结构体系的编排和内容的选择上，凸显与核心素养的融合

本套教材的编写以发展学生数学核心素养为宗旨，编委会在深入研究数

学核心素养的内涵、价值、表现、水平及其相互联系的基础上，以数学核心素养为导向，抓住函数、几何与代数、概率与统计、数学建模活动与数学探究活动等内容主线，明晰数学核心素养在内容体系形成中表现出的连续性和阶段性，引导学生从整体上把握课程，促进学生数学核心素养的形成和发展。

比如，本套教材特别关注不同主线内容之间的内在联系，注重向学生揭示数学的多样性背后隐藏的共同点及共同的思想方法。数与形是数学的两大主角：几何主要研究图形，直观形象但不易于计算；算术和代数有规有矩，但过于形式化的数字、符号、运算也容易让人舍弃现实背景，陷入数的海洋而不知来龙去脉。我们应取长补短，需要计算的时候将几何问题转化为代数问题来计算，需要理解的时候将代数内容转化为几何图形来帮助理解。而这种转化需要一座桥梁——向量具有丰富的物理和现实背景，集数、形于一身，兼有代数与几何的优点，能有效达成培养核心素养的目标。基于这种认识，我们以向量为工具主线，引领"几何与代数"其他内容（如三角、复数、解析几何、立体几何等）关键知识的呈现、关键概念的引入，将"直观想象"与"数学运算"的融合做到恰如其分，帮助学生感悟数学知识之间的内在关联，从整体上把握数学的本质，提升其核心素养。

又如，数学建模既是用已有知识解决现实世界中的实际问题的思想方法和实践过程，也是用已有知识解决新的理论问题、探索和发现新知识的思想方法和实践过程。本教材通盘谋划数学建模活动的设计，在必修第一册第4章、第5章的函数应用部分，强调运用所学知识解决实际问题，让学生初步体验数学建模；在必修第二册设置第6章"数学建模"介绍数学建模的意义、方法，并围绕丰富多样的现实问题，引导学生经历数学建模的全过程；在选择性必修中结合主题内容适时设计数学建模活动，帮助学生在有声有色的数学建模过程中逐渐形成和发展数学核心素养，在潜移默化中发展学生的问题意识和创新意识。

2. 重视培养学生科学理性的思维方式

基于数学核心素养的活动设计应该把握数学的本质，创设合适的教学情境，提出合适的数学问题，引发学生思考与交流，展示数学概念、结论等的形成、发展过程，形成和发展数学核心素养。

本套教材按照"观察—抽象—探索—猜测—分析和论证"的数学思维方式进行编写。我们把数学的思维方式概括为"观察客观现象,抓住其主要特征,抽象出概念或建立模型;然后运用直接判断、归纳、类比、推理、联想等方法进行探索,猜测可能有的规律;最后通过深入分析和逻辑推理进行论证,揭示事物内在的规律"。具象为教材的呈现形式如图1所示。

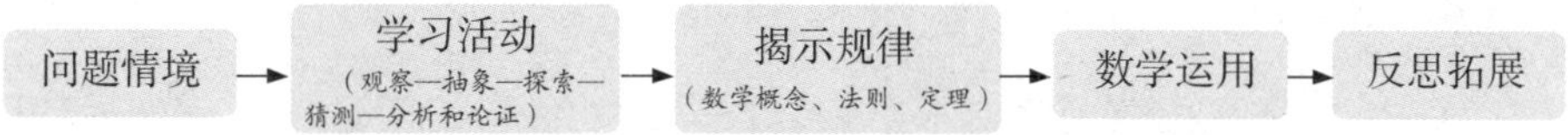

问题情境 → 学习活动（观察—抽象—探索—猜测—分析和论证）→ 揭示规律（数学概念、法则、定理）→ 数学运用 → 反思拓展

图1

例如,必修第一册"3.2.1 函数的单调性与最值",首先提出一个问题:"给定一个函数的解析式或图象,你能不能从中看出这个函数的性质呢?"接着引导学生以数学的眼光来认识:"函数尽管千变万化,但函数值毕竟是实数,实数变化,无非是变大变小。要问函数的性质,首先在大小上做文章。大,大到什么程度?上面封顶不封顶?小,小到什么程度,下面保底不保底?"随后创设情境（呈现一幅上证指数走势图）,鼓励学生用自己的语言来描述图象的变化,并设问:"只靠眼睛观察得到的认识是否准确?描点连线画图的可靠性如何保证?"鼓励学生持续深入地思考。接着用计算机作出同一个函数的两个图象（分别取10个点和50个点连线）,可看出二者明显不同。数学思维在这里进一步升华:光靠描点作图、看图来研究函数的性质是不够的,从解析式出发研究函数性质,在数学推理的指导下画图,对函数性质的了解才会更全面、更准确。为此,要用更严密的数学语言来描述函数的性质,接着引出函数单调性的概念,并提出一个问题:"对函数的递增或递减性质,除了用语言来定义,用图象来直观表示,能否用数学符号更简明地刻画呢?"从而让学生知道,由函数递增（递减）的充要条件可引出两个差的商 $\dfrac{f(x_1)-f(x_2)}{x_1-x_2}$ 来刻画函数的单调性。最后,利用旁注进一步归纳,直击数学的本质:"函数的单调性把自变量的变化方向和函数值的变化方向联系起来,描述了函数的变化过程和趋势,是函数最重要的特征之一"。

学生经历这样一个深度学习的过程后,数学的眼光、数学的思维、数学的语言表达将产生积极的变化,这对于培养其科学理性的思维方式及促进其核心素养的形成和发展是有积极意义的。

（二）遵循教学规律，注重教材的科学性、严谨性和思想性，使教材好教

科学性、严谨性是数学教材的基本要求。湘教版教材的编委大多是数学家，重视逻辑结构的严密性，做到主线清晰又科学严谨，精准设计知识的纵向逻辑结构，加强知识间的横向联系，形成结构化的教材体系，便于读者整体把握。

教材高度重视内容表述的科学性和准确性。编者对于课本中定理的证明有四种处理方法：（1）给予严格证明；（2）用图形或实例加以说明；（3）将定理放在习题中，让学生证明；（4）放在各章的补充内容中加以证明。

在给学生讲道理时，如果有的道理学生暂时还接受不了，我们就用"可以说明……"等表述方式，这样做有利于学生从小养成科学严谨的思维方式，知道科学真理不是权威说了算，也不能仅从一两个具体例子就得出一般性结论，而应该接受实践和逻辑推理的检验；暂时不明白的道理，待将来学习更多的知识后去理解它。

思想性是数学教材的灵魂。编者始终将数学思想的渗透作为教材编写的灵魂，作为帮助学生养成良好思维品质和关键能力的抓手，贯穿于整套教材编写的过程之中。如在函数主线中，突出模型思想；在几何与代数主线中，着意从数与形的角度来整体认识事物，突出数形结合；在概率与统计主线中，强调模型思想，并运用模型解决实际问题，关注统计思维与确定性思维的差异、归纳推断与演绎证明的差异，适时渗透统计思想；在学习活动的每一个关键之处和核心概念的阐述中，适时渗透抽象、推理、模型思想；以"贴士"的形式展示相应的数学思想方法；等等。

（三）遵循学生的认知规律，注重教材的可读性、探索性，使学生好学

新时代的新教材应具有扑面而来的时代感。在素材的选取上，我们充分发挥数学课程的育人功能，有机渗透社会主义核心价值观，弘扬中华优秀传统文化，同时汲取中国特色社会主义新时代的鲜活题材（如复兴号高铁、量子卫星、大飞机、FAST射电望远镜、大数据、人工智能、奥运会、大众创业万众创新等题材）。这种润物细无声的教育方式既能将立德树人落到实处，又能吸引学生关注数学与社会生活、科技发展的联系，培养其爱国主义情操，

并将爱国热情转化为建设伟大祖国的强大动力。

问题永远是启发思考、引导数学探索的原动力。我们创设了许多有利于促进学生发现问题、提出问题的情境，向学生提出一个个问题，鼓励学生去尝试解决，在解决问题的过程中引入所需的概念，建立起一套理论和法则。我们希望以这种方式来展开关键性内容的阐述，使学生在动手动脑的过程中体会到数学概念引进的必要性，收获自主发现的喜悦，认识数学知识发生发展的过程。例如，选择性必修第一册"圆锥曲线"，从生活中的实验及现象入手引出古希腊学者的思考，展示圆锥曲线研究产生的背景；以实验的形式并借助直角坐标系刻画圆锥曲线，系统研究它们的性质；最后展示圆锥曲线在现实世界的应用。整个过程，现实的实验与思维的实验交相辉映，学生在历史与现实的时空变幻中体会到，原来古希腊几何学的圆锥曲线竟然是大自然（宇宙）至善至美的杰作。

通俗易懂的语言是提升学生自主学习效率的利器。数学教材追求理性严谨是自然的，但也容易板着面孔讲数学，陷入学生学起来索然无味的窘境。其实，最精彩、最深刻的关于数学的基本想法都是简单的、自然的。我们在编写教材时，在语言上适度口语化，不板着面孔讲数学，尽量用贴近学生生活和情感、通俗明白的语言讲明数学内容最精华的内核，再与准确的数学语言相对照，让学生体会从感性的口语到理性的数学语言的提升过程。

（四）丰富多彩的栏目设计，增强教材的弹性

教材设计了丰富多彩的栏目，注重让栏目发挥导学、导教的功能。教材正文设计了三种小贴士：在学生易混淆处或一些关键的思维节点，采用"提示"框；在体现核心知识归纳、彰显数学思想与方法、渗透数学文化的地方，采用"归纳"框；在启发学生思考、引发进一步反思的地方，采用"问题"框。

为丰富学生对数学的认识，同时也降低教材正文的难度，我们设计了"多知道一点"栏目，供学有余力或有兴趣的学生自行阅读。

在每章的"小结与复习"，鼓励学生建构符合个体认知特点的知识结构图，以整体把握数学的结构；以提问的方式启发学生归纳小结，帮助其理解数学知识的本质，提升数学核心素养。

我们将习题系统定位于为学生发展数学核心素养提供平台，设置"练习""习题""复习题"三种习题形式，还设计了"学而时习之""温故而知新""上下而求索"栏目。在"上下而求索"栏目中，呈现了一些具有开放性、探索性的问题，重点关注数学探究活动的落实，同时也为不同层次的学生进行个性化学习提供可能。

数学承载着思想和文化。教材有意识地在情境描述、重要概念的背景、习题系统中有机设计数学文化的融入点。教材专设"数学文化"栏目，邀请国内科普名家撰写文字，开拓学生的视野，激发其学习兴趣，培养其科学精神。

教材还设计了"数学实验"栏目。基于网络画板这一动态数学学习环境，利用现代信息技术为学生理解概念创设背景，为探索规律启发思路，为解决问题提供直观。同时，我们开发了多样化的数字资源（如微视频、课件、备课云等），在落实核心素养进课堂的同时，以教育信息化带动教育现代化，为核心素养时代的教与学真正插上科技的翅膀。

2019 版普通高中数学（苏教版）教材编写思路与体例

李善良[①]　徐稼红[②]

苏教版《普通高中教科书·数学》经过五年的研制、试教、审读，于 2019 年审核通过并开始投入使用。为了让实验省份能更好地了解、把握教材的修订意图，现对该套教材的编写思路与体例进行介绍。

一、教材的编写思路

教材编写以落实立德树人根本任务，发展学生数学学科核心素养，促进学生终身发展为宗旨。在教材编写中注重研究，博采众长、萃取精华，坚持与实践、实验紧密联系。教材精选典型、新颖、有助于促进学生数学思维发展的素材，注重整体设计、系统规划，并追求"清楚、自然、简洁"的风格。

（一）落实立德树人根本任务，发展学生数学学科核心素养，促进学生终身发展

教材根据《普通高中数学课程标准（2017 年版）》（以下简称《课标》）编写，充分体现《课标》的基本理念，以实现《课标》的课程目标为宗旨，使学生通过高中阶段的数学学习获得进一步学习，以及未来发展必需的数学基础知识、基本技能、基本思想、基本活动经验；提高学生从数学角度发现和提出问题及分析和解决问题的能力，获得适应现代生活和未来发展必需的数学素养；让学生学会用数学眼光观察世界、用数学思维思考世界、用数学语言表达世界，满足个人发展与社会进步的需要。

编写组在提升学生的数学学科核心素养、促进学生终身发展的思想指导下，认真研究了国内外高中阶段数学教材的编写特点，借鉴其成功经验，努力探索、大胆尝试，力求形成自己的风格与特色。

[①]　李善良，江苏省教育科学研究院教授。
[②]　徐稼红，苏州大学教授。此外，还有葛军、石志群、樊亚东、孙旭东、张松年等老师参与了本文的撰写与讨论。

教材编写的总体构想是实现高中数学课程目标，每个内容的编写、呈现均以发展学生的数学学科核心素养为目标，在数学本质、学生学习、教师教学三个维度上给予充分关注（图1）。第一，关注课程标准。充分关注数学本质，包括数学的价值、数学的思维方法、数学的生成、数学理论、数学应用等。第二，关注学生学习。充分关注学生学习过程及其规律，包括学生的认知起点、学习动力、思维过程（思维跨度估计、障碍估计、铺垫的预设等）、数学活动（个体活动、小组活动等）、监控与调节、过程评价、终结评价等。第三，关注教师教学。充分关注教师教学，包括优秀教学经验、教学示范、教学启发、教师PCK（学科教学知识）、教师的教学空间与选择等。

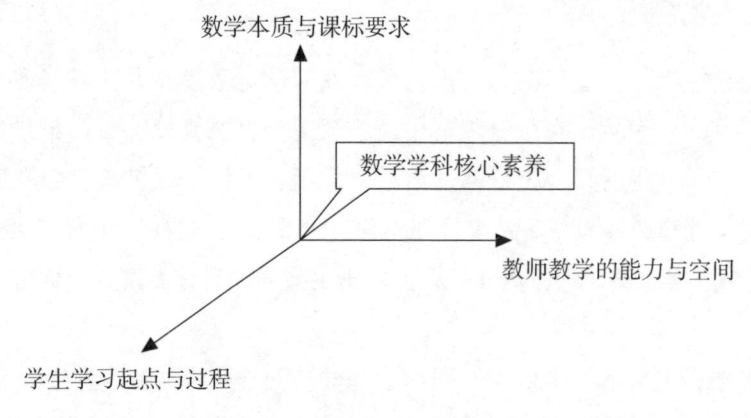

图1 教材编写的总体构想

（二）注重研究，博采众长、萃取精华

教材编写过程中，注重引入数学、科学、技术、社会、经济等领域的最新成果，特别是信息技术方面的成果，激发学生学习数学的兴趣。注重用教育学、教学理论、学习理论（尤其是数学学习理论）的最新思想理论为指导。除了传统的行为主义、认知结构、建构主义等学习理论外，还融入了现代认知理论，如概念意象、概念域、高等数学思维、认知风格等。注重研究国内外高中数学教材编写经验，认真比较、分析新中国成立以来的几套高中数学教材和目前在用的六套高中数学教材，吸收借鉴各套教材的优秀成果与编写经验。

（三）精选典型、新颖、有助于学生数学思维发展的素材

教材中素材的选择充分考虑高中数学课程的基础性、选择性、发展性。

材料丰富，涵盖生活、经验和其他学科等多方面内容。教学内容的呈现注意反映数学的学科特征和学生的认知规律，力求突出数学主线，凸显数学的内在逻辑和思想方法，展现数学知识的发生、发展过程，加强不同数学内容之间的联系。注意处理好数学学科核心素养与知识技能之间的联系，促进学生对数学知识的认识和对数学本质的理解。对照2003版课程标准，在内容、理念、要求各个方面进行比较分析，按《课标》理念、内容要求进行全面更新。

教材中的每个素材都是经过仔细斟酌、比较后遴选的，力求典型、新颖、有助于促进学生数学思维发展。所谓"典型"，指所选素材具有典型性，每个素材都能代表一类素材。尤其是书中的例题、练习、习题，必须考虑学生学习的规律，根据数学运用的不同层次（如辨认识别、变式练习、解决简单问题、解决复杂问题等）选配比较典型的题目，内部自成系统，互相联系。学生经过这些基本训练可以掌握相关知识与技能，并且这些习题的量是最小的。所谓"新颖"，指素材能及时反映当今科学、技术、经济发展的最新成果，与学生的生活实际相适应，便于激发学生的学习兴趣。所谓"思维"，指所选素材具有良好的生长性，易于激活学生的思维，有助于促进学生主动地探索数学，从而促进学生思维的发展。所选的素材还应能启发教师以此作为示范，根据班级学生具体情况去进一步选择其他合适的素材。

（四）注重突出主线、整体设计

教材注重突出"函数""几何与代数""概率与统计""数学建模与数学探究"等主线，优化课程结构，进行整体设计、系统规划。确保每条主线内容清晰，逻辑顺序清楚，凸显数学的内在逻辑和思想方法，注重不同内容之间的衔接与联系。

教材将"数学文化"融入整个课程内容中，站在数学文化教育的高度来组织内容，采取多种形式体现数学的文化价值。整体设计"函数""代数与几何""概率与统计""数学建模与数学探究"四个主题，整体贯穿"数学建模""数学探究""数学文化"三条主线。教材充分体现了现代信息技术与数学课程的有机整合，使现代信息技术的应用成为课程的一个重要组成部分。

（五）注重揭示数学本质，引导学生数学思维的发展

教材注重揭示数学本质。教材的封面、章情境、章问题、节情境、节问

题等均蕴含丰富的数学内涵，所有情境都力求简洁、准确地揭示所要学习数学内容的核心思想，让学生自然地提出指向数学本质、有价值的问题。无论是应用型初始问题，还是结构型初始问题；无论是提出问题的过程，还是研究问题的过程；无论是结构布局，还是栏目设计，都坚持在遵循学生认知规律的前提下，让学生感受数学本质、理解数学本质，引导学生数学思维的主动发展。

例如，"解三角形"一章，先以"如何运用向量方法求三角形中的边角关系"提出问题，学生的一般解答思路是将三角形"向量化"，从而得到 $AB + BC = AC$；而向量等式数量化的工具自然是"向量的数量积"，难点是用怎样的向量与上式相乘。我们知道，几何关系中最主要、最基本的关系是平行与垂直，利用平行向量、垂直向量作数量积，可以很容易地将"向量"数量化，如余弦定理、射影定理是用平行向量作数量积得到的，正弦定理是用垂直向量作数量积得到的。这样的处理既体现了数学的本质，也使得思维过程自然、简洁。

（六）注重为教师的创造性教学提供空间

教材严格遵循教与学的规律，使教材有利于教师的教学。在内容呈现方式上，力求便于教师把握知识本质，驾驭课程内容；在内容的组织上，便于教师进行教学设计，更好地创设教学情境、提出合适问题、有效组织教学；在例题、练习、习题的安排上，便于教师在直接运用教材的基础上做灵活选择，便于学生循序渐进地理解和掌握数学内容；在排版上，留白部分为教师自主选择、增补和调整内容预留了必要空间。

（七）追求"清楚、自然、简洁"的编写风格

教材的编写充分考虑学生的学习与教师的教学，这种意图贯穿于学习、教学的整个过程。在处理数学内容时，做到数学知识清楚、数学生成自然、数学表达简洁；在设计学生活动时，确保学习内容清楚、学生思维活动自然、学生学习过程简洁；在设计教学时，力求教学内容清楚、教学过程自然、教学活动简洁。

（八）坚持与实践、实验紧密联系

教材编写始终贯彻与教学实践、实验紧密联系的原则。一方面，进行广

泛的调研、提炼、论证，汲取十多年课程改革的经验，确保教材的连续性，同时对存在的问题进行有针对性的修订。对专家、教研员、教师、学生等进行广泛调查，梳理以往教材使用中积累的经验、暴露的问题，进行聚类分析，寻找经验的理论依据、问题产生的原因，为教材修订提供依据。另一方面，召集专家、优秀教师对每一项内容进行务虚讨论，提出设想，然后由核心作者编写初稿，交由编写组审核；数轮之后形成初稿，交由教师实验试教，提出修订意见；然后完善初稿，进一步研读、打磨、雕琢后定稿。编写的程序可以概括为：专家根据标准编写初稿→学校实验→收集信息→专家、教师讨论→编写组整合→再一次实验→总结修改→形成实验教材初稿。

二、教材的基本框架

编写组按知识发展的逻辑顺序把整套教材分成几条主线，组合成一个有机整体。全套教材分四册：必修（第一册）、必修（第二册）和选择性必修（第一册）、选择性必修（第二册）。基本框架如图2所示。

编写组对每一主题充分进行整合，且每个主题都有整体贯通的主线。在主题统领下，提出各章的编写体系；在每一章的编写中，同样进行全章的整合，同时注意各章之间的联系与衔接。

必修课程主题1-5是一个相对完整的系统，选择性必修课程主题1-4也是一个相对完整的系统；必修课程+选择性必修课程构成了一个有机融合的系统，使整个高中数学课程既保持统一的体系，又力求体现各自的特色。

三、教材的编写体例

苏教版必修课程、选择性必修课程教材的结构主要包括主题、章、节、单元等，结构与编写体例如图3所示。

（一）章、节

教材每"章"由章首图、引言、问题、各节内容、问题与探究或应用与建模、阅读、本章回顾、复习题、本章测试等内容构成。章首图是本章的起始，提供与本章内容相关联的图片，使学生对本章有一个整体的印象。引言包括以下两部分内容。①本章的问题情境。以入口较浅的生活案例或容易理

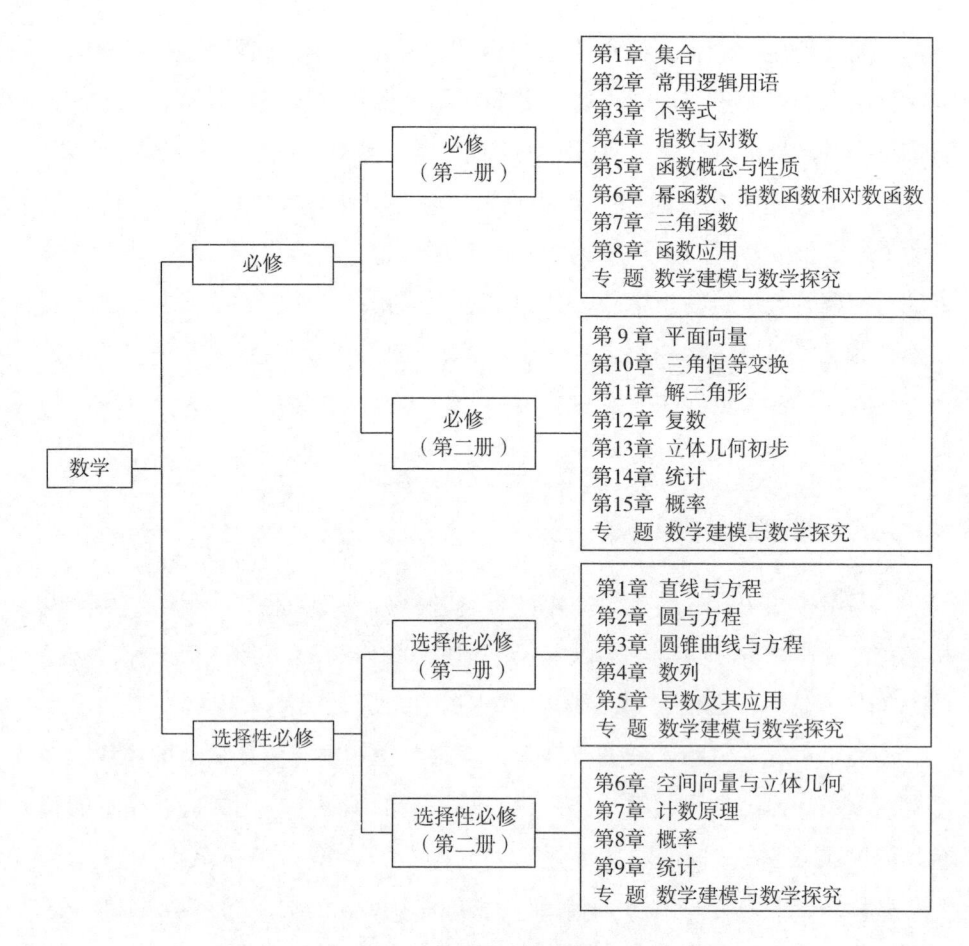

```
                              第1章  集合
                              第2章  常用逻辑用语
                              第3章  不等式
                    必修      第4章  指数与对数
                  （第一册）   第5章  函数概念与性质
                              第6章  幂函数、指数函数和对数函数
                              第7章  三角函数
         必修                 第8章  函数应用
                              专 题  数学建模与数学探究

                              第9章   平面向量
                              第10章  三角恒等变换
                              第11章  解三角形
                    必修       第12章  复数
                  （第二册）    第13章  立体几何初步
                              第14章  统计
                              第15章  概率
 数学                          专 题   数学建模与数学探究

                              第1章  直线与方程
                              第2章  圆与方程
                  选择性必修    第3章  圆锥曲线与方程
                  （第一册）    第4章  数列
                              第5章  导数及其应用
         选择性必修             专 题  数学建模与数学探究

                              第6章  空间向量与立体几何
                  选择性必修    第7章  计数原理
                  （第二册）    第8章  概率
                              第9章  统计
                              专 题  数学建模与数学探究
```

图 2 教材的基本框架

解的实例引发学生思考。这个情境也是该章核心内容的原型，在该章中将多次按不同层次或方向出现，统领全章。②引领本章内容的问题。这是本章的生长点、核心内容或研究方法，能够激发学生探索新知识的欲望。

教材每"节"包括背景、问题、单元、习题、阅读、探究等，每节有自己的小系统。每节开头部分会在章的情境下给出分支背景，围绕章的问题提出相应的节的问题，这些问题就是本节的起点、核心内容的出发点。"单元"为教材的基本单元，也是教学的基本单元，包括问题提出、活动开展、数学理论的建构、数学知识的运用、回顾与反思等。

此外，在章、节的常规内容之外，还设置有拓展栏目及习题、复习题等。拓展栏目主要有思考、实验、探究、阅读、写作、链接、问题与探究、应用

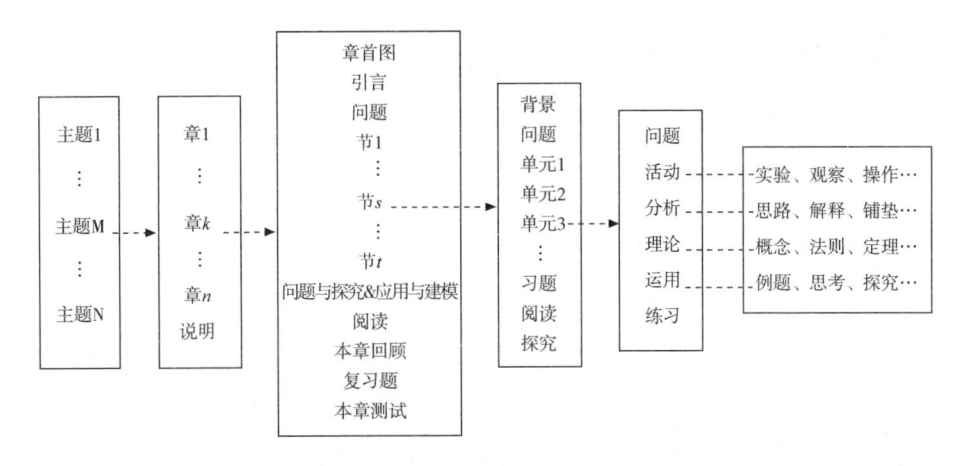

第一章　走进新时代的数学课程改革

图3　教材的结构与体例

与建模等，穿插在各个环节中。习题、复习题则分为紧密联系的三个层次，即"感受·理解""思考·运用"和"探究·拓展"。

（二）内容组织的主要形式

教材内容组织的主要形式为：问题情境→学生活动→意义建构→数学理论→数学运用→回顾反思。"问题情境"包括现实情境、数学情境、科学情境等，呈现方式有实例、情景、问题、叙述等，意图在于提出问题。"学生活动"包括观察、操作、归纳、猜想、验证、抽象、推理、运算、想象、数据分析、建立模型、提出方法等个体活动，也包括讨论、合作、交流等小组活动，意图在于探究数学。"意义建构"包括经历过程、感受意义、形成表象、自我表征等，意图在于感知数学。"数学理论"包括概念、定理（公式、法则）、模型、算法等，意图在于建立数学（理论）。"数学运用"包括辨别、变式练习、解决简单问题、解决复杂问题等，意图在于运用数学。"回顾反思"包括回顾、总结、联系、整合、拓广、创新、凝缩（由过程到对象）等，意图在于理解数学。

教材的章、节、单元均采用上述组织方式，首先给出问题情境，提出章（节、单元）的问题，引发学生的学习欲望与探究兴趣；接着，组织学生开展数学活动，在活动过程中分析问题、解决问题，探究数学、感知数学，在此基础上建立数学理论；进而通过例题、练习、习题等，运用数学去解决问题；最后，让学生回顾学习过程，进行反思升华，理解数学。

数学教科书中设置问题情境的作用与原则

李 健[①] 李海东[②]

近年来，科技革命引起的社会变革正加速推动教育的发展与转型。国际上，"情境"构成了"以学习为中心"的课程发展新话语范式的基本要素。[1]在国内，众多学者指出情境与数学素养具有密切关联，基于"情境"的课程开发也已成为教科书编写的重要组成部分。在这场以"情境"为主旋律的课程发展浪潮下，仍有不少一线教师发出不解之声，尤其是应试教育背景下的个别教师，他们认为教科书中的情境化设计增加了教学负担，浪费了教学时间，在真实的课堂教学过程中，时常对教科书进行"去情境化"处理。这些教师的做法显然是不对的，开发高质量的问题情境式课程资源，应是教科书编写者与教师共同关注和研究的重点。本研究通过剖析中小学数学教科书中设置问题情境的作用，以说明问题情境设置的价值所在，并通过阐释数学教科书中问题情境的设置原则，为中小学教科书编写者、教师开发情境式课程资源提供参考。

一、数学教科书中问题情境的作用

数学教科书中蕴含的知识是人类思维的抽象物，这种抽象物是脱离情境而独立存在的形式化产品。对数学教科书中的问题进行情境化加工，其本质在于将形式化的数学与现实世界相联系，使学生的数学学习植根于数学产生和应用的情境当中。具体而言，根据学生使用数学教科书中问题情境的不同阶段（观察前期、融入中期、体悟后期），情境作用可以划分为六类（图1）。

在观察前期，当学生第一眼看到问题情境时，情境所营造出的场域可能会激发学生的数学学习兴趣。在融入中期，学生融入问题情境中，尝试参与

[①] 李健，人民教育出版社博士后科研工作站博士后。
[②] 李海东，人民教育出版社课程教材研究所编审，中学数学编辑室主任。

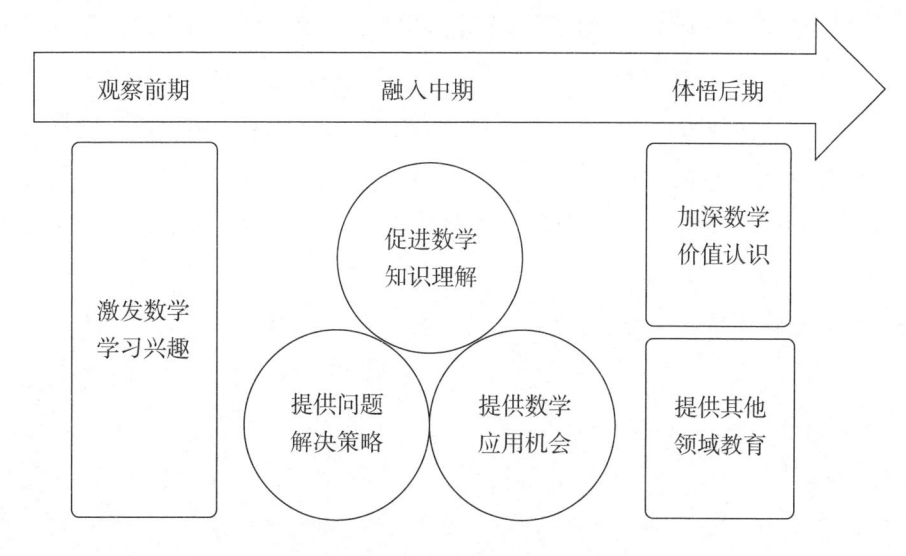

图1 数学教科书中问题情境的六类作用

相应的问题解决活动,这一过程将可能促进学生对数学知识的理解,为学生提供数学问题的解决策略以及数学应用的机会。在体悟后期,学生已经完成了基于问题情境所构建的数学活动,这时候学生可能通过反思,加深了对数学价值的认识,以及获得其他领域的教育。

(一)问题情境可以激发学生学习数学的兴趣

数学的抽象性是造成多数学生数学学习兴趣不高的重要原因,数学教科书中的问题情境是其有效应对数学抽象的方式。这些问题情境,或生动有趣,或密切关联学生的日常生活,或引起学生的认知冲突,它们都可能从不同角度激发学生的学习兴趣。从情境认知的观点看,通过数学教科书中的问题情境,使问题与学生的已有认知产生关联,这是引起学生学习兴趣的关键所在。一些实证研究也能证实这种观点,例如,科丁格(Koedinger)和内森(Nathan)的研究表明:相比于无情境的代数方程问题,以故事形式呈现给学生的情境问题更能激发学生的学习兴趣,使其能够坚持寻求问题的答案。[2] 还有研究表明,数学史情境可以使学生保持学习兴趣,激发其学习动机。[3]

(二)问题情境可以促进学生对数学知识的理解

中小学生理解数学知识的困难性很大程度上在于其形式化表征,这源于数学所具有的抽象属性。但不同于高等数学，中小学阶段的数学知识几乎都能在现实世界中找到相应的关联情境，因此中小学数学知识也就具有了特定的情境性特征。对学生而言，有意义的、可理解的情境将引发学生丰富的数学思考，[4]能够揭示数学知识的产生背景、生成过程、实际应用，能够帮助学习者更容易地理解数学知识。例如，"统计两位选手射击成绩的平均值与标准差，选择一名合适的选手参赛"这一情境，就能够帮助学生更好地理解集中趋势与离散程度的含义与作用。

（三）问题情境可以为学生提供问题解决的策略

在数学教科书中设置学生熟悉的、目标关联的问题情境，有时也能为学生提供有效的问题解决策略。许多学习者在面对冰冷的数学问题时束手无策，但通过情境中蕴含的事物关系，能快速发现数学对象之间的关联，生成对应的问题解决策略。许多实证研究也证实了问题情境在这方面的作用，例如，一项研究显示，巴西货摊上的儿童能够处理商品售卖过程中的复杂数学问题，但对于缺乏情境的相同数学问题却无法解决。[5]还有一项关于算数问题的研究表明，基于真实情境的算术问题容易使学习者产生非结构化的问题解决策略，而面对无情境的裸问题，学习者更倾向于使用传统的算术解法。[6]再看这一问题情境："通过'剪—拼'三角形纸片，证明三角形内角和为180度。"它为学生发现三角形的三个内角可以凑成一个平角提供了动手操作的可能和思考方向。

（四）问题情境可以为学生提供数学应用的机会

数学学科的工具属性使其成为人们解决现实问题的重要工具，数学应用也就成为数学学习的重要一环。在数学教科书中设置有意义的问题情境，可以为学生提供应用数学的机会。蔡亚萍指出，通过解决真实情境问题，可以使学习者像从业者或专家一样进行有意义、有目的的活动，并能将所获知识和经验有效迁移应用到社会生活中的问题解决。[7]在数学教科书中设置问题情境便可以达到这一目的，能够为学习者模拟出各种生活中的数学应用机会，以及为学习者模拟出不同行业工作者或数学家们使用数学的场景，为学习者提供数学应用的机会。例如，数学教科书中关于统计的各类现实生活情境，就服务于大数据时代人们所应具备的统计素养的培养，为学生的数学应用提供了许多真实有效的机会。

(五) 问题情境可以加深学生对数学价值的认识

丁尔陞认为,不仅要让学生明白数学是解决实际问题的工具,而且要使学生懂得数学的价值。[8]在数学教科书中设置问题情境,恰是对这一观点的重要肯定与体现。通过各式问题情境,学生可以认识到数学的价值,并且这种"价值认识"并非是向学习者进行简单的介绍,而是通过有意义的情境建构,使学习者亲历"现实→数学→现实"的思维过程,助其从深层次上认识数学的思维价值与工具价值。例如,"根据每月的手机通话时间,选择合适的话费套餐"这一情境,能够让学生深切地感受到数学在人们日常生活中的价值。当然,一些特殊的问题情境还能加深学习者对其他数学价值的认识,如杨辉三角情境有助于学生认识数学的文化价值,黄金分割情境有助于学生认识数学的美育价值。

(六) 问题情境可以为学生提供其他领域的教育

学科融合背景下,数学学科的功能已不再局限于数学教育本身,还担负着为其他领域教育"添砖加瓦"的重任。由于数学教科书涉及大量日常生活情境和其他学科情境,因此也就天然地为学生提供了一种"使用数学眼光观察其他领域"的可能。例如,人教版中学数学教科书通过设置"神州五号"载人航天飞船、"天宫一号"飞行器、"复兴号"高铁等问题情境,体现和弘扬我国的社会主义先进文化,达到对学生进行爱国主义教育的目的;通过计算传染病的基本传染数,让学生了解传染病的危害性,达到对学生进行生命安全与健康教育的目的。又如,设置两人合作完成任务类情境,可以潜移默化地培养学生的合作精神,达到劳动教育的目的。

二、数学教科书中设置问题情境的原则

关于如何设置数学教科书中的问题情境,本文基于课程设置的影响因素(社会、学科、学生)与教科书编写要求,提出七条问题情境设置原则(图2)。一方面,课程设置受到社会、学科、学生三类因素影响,数学教科书中问题情境的设置也与此三类因素密切关联。从社会因素看,问题情境需要符合国家意志,注意主流意识形态的宣扬;从学科因素看,问题情境要尤为注

意与数学的学科关联性；从学生因素看，则需要注意问题情境应具备贴近学生现实、真实性与构造性相结合、公平性、可读性四个要点。另一方面，在教科书编写过程中，还需要考虑问题情境设置的整体性。

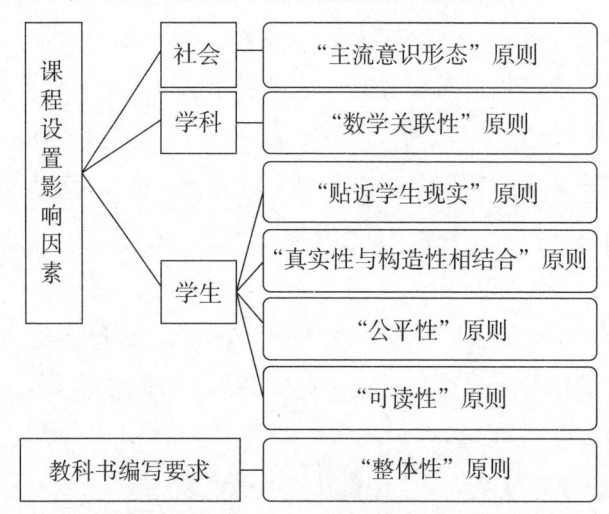

图 2　数学教科书中问题情境设置的七条原则

（一）"主流意识形态"原则

数学知识无国界，但数学教科书有国界。教科书的官方性决定了教科书在传播国家认可的主流意识形态过程中的正统身份。因此，数学教科书中的问题情境设置必须严格遵循党和国家的要求，传播主流意识形态。将社会主义核心价值观、中华优秀传统文化、革命文化、社会主义先进文化等有机融入数学教科书，是教科书编写者的职责所在。例如，人教版高中数学教科书中设计了"运用碳-14法测定良渚遗址"的问题情境，通过指数运算，可知良渚遗址在公元前2903年之前已经存在，该问题情境从考古学的角度证实了中华文明具有五千年历史，渗透、弘扬了中华优秀传统文化。

（二）"数学关联性"原则

当大量情境化素材进入数学课堂后，许多学者产生担忧：过分强调情境设置可能会降低数学课程的"数学味"，数学课程中的"生活化"可能取代"数学味"。出于对这种担忧的回应，需要特别重视数学教科书中的问题情境的"数学关联性"，注重情境与数学本质间的关联，不能为设置情境而设置情境。对于某个问题情境，如果其脉络能够引发学生数学思考，能够为学生的数学学科核心素养发展服务，这些情境都可称为具有较强的"数学关联性"。一种判断情境是否具有"数学关联性"的简单方法是，判断情境在问题解决中的作用，包括根据情境进行的数学化活动是否与问题情境相关联，以及所得问题答案是否与问题情境产生关联。[9]例如，人教版初中数学教科书中引用了《孙子算经》中的"鸡兔同笼"情境："今有鸡兔同笼，上有三十五头，下有九十四足，问鸡兔各几何？"这一情境就为学生提供了"1只鸡有1个头2只脚，1只兔有1个头4只脚"的数量关系，这是列方程求解该问题的关键信息，该情境与数学问题的解决密切关联。

（三）"贴近学生现实"原则

问题情境之所以能对学生产生各种积极作用，主要源于情境会对学生的思维或情感产生多种影响，这种影响的实现前提则表现为：情境贴近学生现实（包括生活现实、数学现实和其他学科现实）。如果数学教科书中的问题情境是学生不熟悉、难以理解的，那么再巧妙的情境设置也是徒劳，因其始终无法与学生的已有认知相匹配，难以激发学生的学习情感。在设计贴近学生现实的问题情境时，需要注意不同年龄段学生的学生现实存在差异、不同时代学生的现实也存在差异，这即情境设置需要注意学生的阶段性[10]、情境的时代性[11]的根本原因。例如，改革开放初期的数学教科书中设计了许多关于生产队的问题情境，这在当时是非常贴近学生现实情境的，但时过境迁，生产队制度早已远离当下学生的日常生活，数学教科书中也难觅生产队情境的踪影。总之，要想真正做到"贴近学生现实"，就一定要基于学生视角考虑问题情境的设置。

（四）"真实性与构造性相结合"原则

真实性与构造性相结合，是指数学教科书中的问题情境既要以真实背景为依据，又需进行适度构造，设置问题情境时要注重真实性与构造性两个方面的结合。一方面，真实情境是为了将学习者的数学学习与真实世界相关联，因此要注重情境信息与现实世界信息相吻合；另一方面，数学教科书有其特定的教学目的，故为了让学生更好地学习数学，许多情境需要进行改造。我们当然希望在数学教科书中看到真实的问题情境，但真实的情境必然夹杂着许多与问题解决无关的信息，有时候这些信息会妨碍学习目标的达成。因此，数学教科书中问题情境的真实性应该有限度，要根据具体问题以及具体教学目标在情境设置的真实性与构造性之间找到平衡点。例如，"投向篮筐的篮球运动轨迹""击飞的高尔夫球的运动轨迹"是典型的真实性与构造性相结合的情境，它们既考虑了真实物体的抛物线运动，又都忽略了空气阻力的影响，这样可以帮助学生更好地认识生活中的二次函数。

（五）"公平性"原则

教科书公平是教育公平的表现形式之一，而谈及数学教科书的公平性，则主要表现为问题情境的公平性，包括情境之于学生的认知公平与情感公平。首先，要保证问题情境符合绝大多数学生的认知情况，例如，在教科书中设置"密室逃脱游戏""马球运动"等情境，就可能使农村学生产生困惑，影响其数学学习。设置这类情境时就需要尤为小心，必要时可以进行适当的解释说明，以保证所有学生都能理解。其次，要避免设置具有敏感性的问题情境，例如，"统计班级中身高最矮同学的身高/最胖同学的体重""统计汶川地震的死亡人数"等情境，可能会引起有相关经历学生的不适，如果出现在教科书中，便是对那部分学生的情感不公平。因此，设置情境时一定要注意情境是否会对部分学生产生不利影响。

（六）"可读性"原则

数学教科书的编写应顾及学生的阅读能力，充分考虑可读性问题。对于数学教科书中问题情境的设置，所用语言应通俗易懂、符合学生的阅读习惯，使学生喜闻乐见，不能因为情境描述语言的生涩而影响学生对情境的理解。当然，所谓的"可读性"，不仅仅是语法上的正确无误，还应注意其对于不同年龄段学生来说的差异性，应使用与不同年龄段学生相匹配的可读性情境表达。例如，对于低年级数学教科书，其情境语言需要考虑对应年龄段学生的识字水平，应适度地提高卡通插图的比例，让形式生动活泼一些；而对于高年级数学教科书，其情境语言则应相对更加严谨，可以提高实物照片的比例。

（七）"整体性"原则

注重数学教科书问题情境设置的整体性，是教科书编写时做整体性考虑的重要体现。首先，整体体现问题情境的多维作用。数学教科书包含众多问题情境，为了实现数学课程的整体教学目标，需要让众多问题情境形成合力，共同发挥激发数学学习兴趣、促进数学知识理解、提供问题解决策略、提供数学应用机会、加深数学价值认识等多种作用。其次,整体考虑各类型问题情境的比例。在整体设计数学教科书中的问题情境时,需要处理好不同情境类型的比例[12],避免相同类型情境的高重复率[13]。例如,整体设计教科书真实性情境的占比时,若真实情境比例过低,则难以让学生感受到数学的应用价值;若真实情境比例过高,则可能降低教学效率,提前进行适当的整体规划便很有必要。最后,还需注意教科书问题情境的呈现体例与风格,保证其整体一致性。

三、结语

本研究梳理出数学教科书中设置问题情境的六类作用,它们贯穿于学生使用问题情境的前、中、后三个阶段,为优质情境的确定找到了一个可供参考的视角。而基于课程设置影响因素以及教科书编写要求的双重视角,本研究提出了问题情境设置的七条原则,它们囊括了数学教科书问题情境设置的各个方面,属于最基本的原则,是数学教科书问题情境设置过程中需要遵守的。研究确定的这六类作用与七条原则,前者明确了数学教科书中设置问题情境的必要性与价值性,后者可视为数学课程资源建设的方法总结,希望它们能给中小学数学教科书的编写以及数学课程资源的建设提供借鉴参考。

参考文献:

[1] 裴新宁. 国际视野下李吉林情境课程优势分析 [J]. 中国教育学刊, 2016 (10): 18 – 21, 49.

[2] Koedinger K R, Nathan M J. The real story behind story problems: Effects of representations on quantitative reasoning [J]. The journal of the learning sciences, 2004, 13 (2): 129 – 164.

[3] 曾峥, 杨豫晖, 李学良. 数学史融入初中课堂的案例研究 [J]. 数学教育学报, 2019, 28 (1): 12 – 18.

[4] Widjaja W, Dolk M, FauzanA. The Role of Contexts and Teacher's Questioning to Enhance Students' Thinking [J]. Journal of Science & Mathematics Education in Southeast Asia, 2010, 33 (2): 168 – 186.

[5] Carraher T N, Carraher D W, Schliemann A D. Mathematics in the streets and in schools [J]. British journal of developmental psychology, 1985, 3 (1): 21 - 29.

[6] Marja van den Heuvel - Panhuizen, Robitzsch A, Treffers A, et al. Large - Scale Assessment of Change in Student Achievement: Dutch Primary School Students' Results on Written Division in 1997 and 2004 as an Example [J]. Psychometri - ka, 2009, 74 (2): 351 - 365.

[7] 蔡亚萍. 基于真实情境问题解决的教学设计 [J]. 电化教育研究, 2011 (6): 73 - 75, 80.

[8] 丁尔升. 浅谈数学课程的设计 [J]. 课程·教材·教法, 1991, 11 (1): 15 - 18.

[9] 李健. 初中数学教科书中现实问题情境设置的实证研究——基于中外九版初中数学教科书的纵向与横向比较 [D]. 天津: 天津师范大学, 2019: 72 - 73.

[10] 沈林, 黄翔. 数学教学中的情境设计: 类型与原则 [J]. 中国教育学刊, 2011 (6): 48 - 51.

[11] 李文革. 对新一轮义务教育数学教材修订的展望 [J]. 基础教育课程, 2019 (17): 71 - 73, 80.

[12] 李卓, 于波. 小学数学教材中情境的类型及作用与原则 [J]. 数学教育学报, 2012 (3): 72 - 74.

[13] 傅赢芳, 张维忠. 中英初中数学教材中应用题的情境文化性 [J]. 外国中小学教育, 2007 (2): 29 - 32.

高中数学教科书中"概率与统计"内容编排的比较研究

刘 静[①] 周思波[②]

随着大数据时代的到来,社会对学生的统计知识提出了更高的要求。"概率与统计"作为高中数学教学四条内容主线之一,承担的主要育人任务是培养学生分析随机现象、分析数据的能力,提升学生的数据分析、逻辑推理、数学运算、数学建模等素养。《普通高中数学课程标准(2017年版)》(以下简称"2017年版课标")给教材的编写提出了建议:要以发展学生的数学学科核心素养为宗旨,体现整体性,遵循"教与学"的规律,内容呈现方式应丰富多样,注重教材特色建设。基于厘清课程发展脉络以帮助一线数学教师把握新教科书编写理念的需要,我们以2007年出版的北师大版、人教A版高中数学教科书,以及2020年出版的北师大版、人教A版高中数学教科书为对象,采用内容主线法,对人教A版、北师大版新旧两个版本的高中数学教科书中"概率与统计"的内容编排顺序及其特点进行比较研究。需要说明的是,本研究未将"计数原理"纳入对比,严士建、张丹曾指出:排列组合并不是学习古典概型的基础,也不会促进学生对随机现象的理解[1],强调排列组合反倒会让教学将重点放在"计数"上,忽略了对概率本身的教学。

一、内容编排比较

教科书内容的编排顺序受知识点之间的逻辑关系和编写理念的影响,在学生认知结构的形成过程中起着重要的作用。首先,在统计和概率的整体顺序安排上,人教A版、北师大版新旧教科书具有共同点:必修部分先学习统计再学习概率,这有助于学生在充分认识到数据的随机性的基础上深刻把握随机现象的本质特点;选择性必修和选修则是先学习概率后学习统计,概率

[①] 刘静,四川师范大学硕士研究生。
[②] 周思波,四川师范大学副教授。

中的随机变量、概率性质等相关知识是统计研究变量间关系的知识基础，故先安排概率内容学习，再进行统计的学习，符合学生的认知特点。

（一）新旧人教 A 版教科书的内容编排差异比较

初步比较新旧人教 A 版教科书的内容目录设置，可以发现：2007 年人教 A 版教科书包含概率与统计内容 4 章共 12 节，2020 年人教 A 版教科书包含概率与统计内容 4 章共 14 节。从章节数量上可以看到，新人教 A 版教科书在内容的选取和编排上做了部分调整。为深入挖掘新旧教科书在内容编排上的变化，探索知识内部的逻辑安排特点，下面分别绘制新旧人教 A 版教科书"概率与统计"内容主线图（图 1、图 2）。

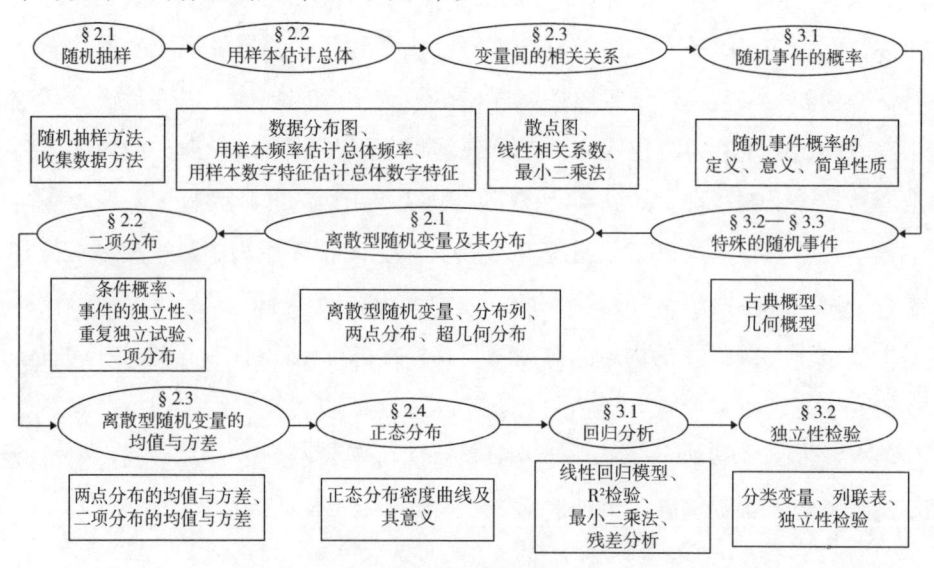

图 1　2007 年人教 A 版教科书"概率与统计"主题内容主线图

新旧人教 A 版教科书在概率与统计上的内容编排变化如下（主要描述新版教科书的变化）：

①在必修统计课程中，新人教 A 版在"随机抽样"学习之前加入了"获取数据的基本途径"；②新人教 A 版将"变量的相关性"由必修调至选择性必修；③新人教 A 版把"古典概型"放在了"概率的性质"之前，而旧人教 A 版是在学过概率的性质和事件之间的关系后再统一学习特殊的随机事件；④新人教 A 版把"事件的独立性"从选修调整到了必修；⑤新人教 A 版将"频率与概率"作为单独的一节，在必修二的最后一节进行学习；⑥新人教 A

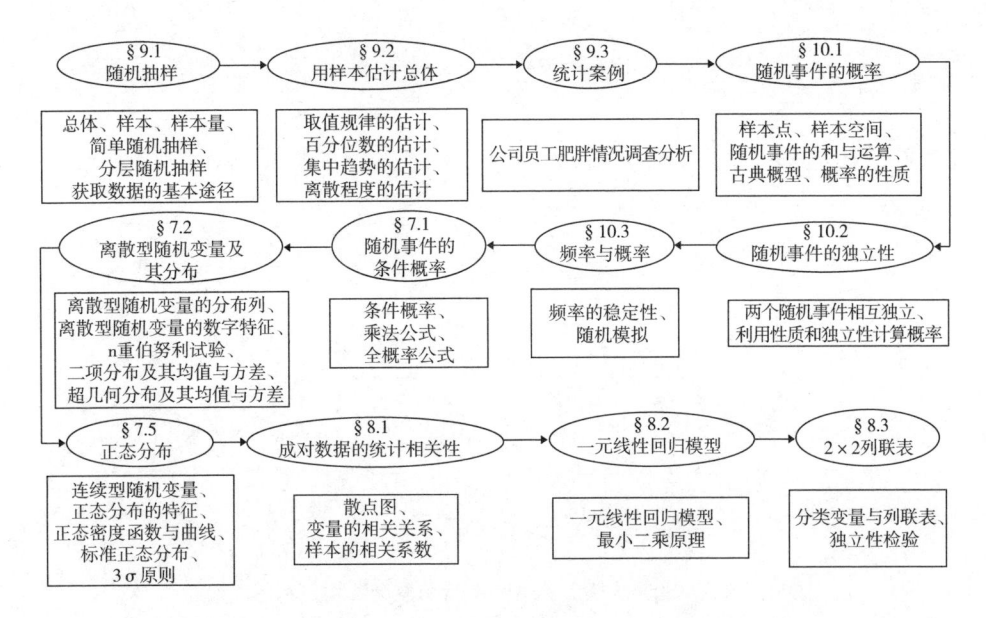

第一章　走进新时代的数学课程改革

```
§9.1              §9.2              §9.3              §10.1
随机抽样     →    用样本估计总体  →   统计案例     →    随机事件的概率

总体、样本、样本量、    取值规律的估计、                          样本点、样本空间、
简单随机抽样、         百分位数的估计、    公司员工肥胖情况调查分析    随机事件的和与运算、
分层随机抽样          集中趋势的估计、                          古典概型、概率的性质
获取数据的基本途径     离散程度的估计

§7.2              §7.1              §10.3             §10.2
离散型随机变量及   ←   随机事件的     ←   频率与概率    ←   随机事件的独立性
其分布              条件概率

离散型随机变量的分布列、    条件概率、                          两个随机事件相互独立、
离散型随机变量的数字特征、  乘法公式、         频率的稳定性、        利用性质和独立性计算概率
n重伯努利试验、          全概率公式         随机模拟
二项分布及其均值与方差、
超几何分布及其均值与方差

§7.5              §8.1              §8.2              §8.3
正态分布      →    成对数据的统计相关性 →  一元线性回归模型  →  2×2列联表

连续型随机变量、        散点图、            一元线性回归模型、     分类变量与列联表、
正态分布的特征、        变量的相关关系、      最小二乘原理         独立性检验
正态密度函数与曲线、    样本的相关系数
标准正态分布、
3σ原则
```

图2　2020年人教A版教科书"概率与统计"主题内容主线图

版中,"条件概率与全概率公式"作为单独的一节,放在"离散型随机变量"之前学习;⑦新人教A版中,离散型随机变量及其分布、数字特征、特殊的离散型随机变量等相关知识的安排更加集中;⑧统计内容的选择性必修部分,新人教A版将"变量的相关性"调至选修"一元线性回归"之前,有助于更系统地学习二维变量的相关概念。

（二）新旧北师大版教科书的内容编排差异比较

对2007年和2020年北师大版教科书在概率与统计上的内容设置进行初步比较,2007年北师大版教科书有概率与统计内容4章共19节,2020年北师大版教科书有概率与统计内容4章共16节。同样,绘制两版教科书的内容主线图（图3、图4）。从内容主线图中我们能更清晰地看到两版教科书中知识点的编排顺序变化。

在统计部分,①新北师大版将"获取数据的途径"提到"抽样方法"之前单独学习,增加了对"直接获取"和"间接获取"概念的介绍,丰富了学生在大数据时代获取数据的途径,并强调了总体、样本的相关概念以及数据的随机性特点;②新北师大版不再将"统计图表"作为单独的一节,而是将其放在"用样本估计总体"中学习,并明确指出可用它们估计总体的分布,

基于核心素养的高中数学教学

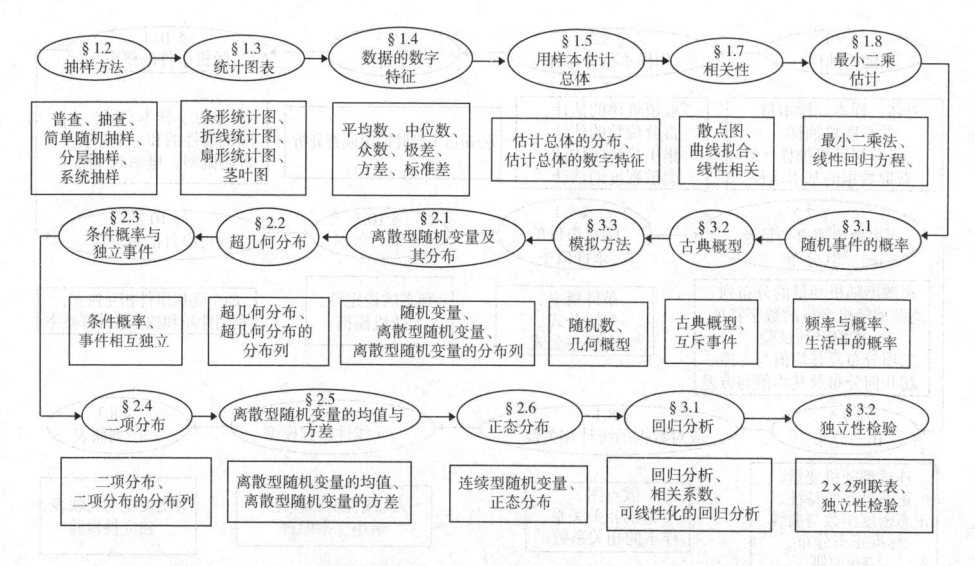

图3 2007年北师大版教科书"概率与统计"主题内容主线图

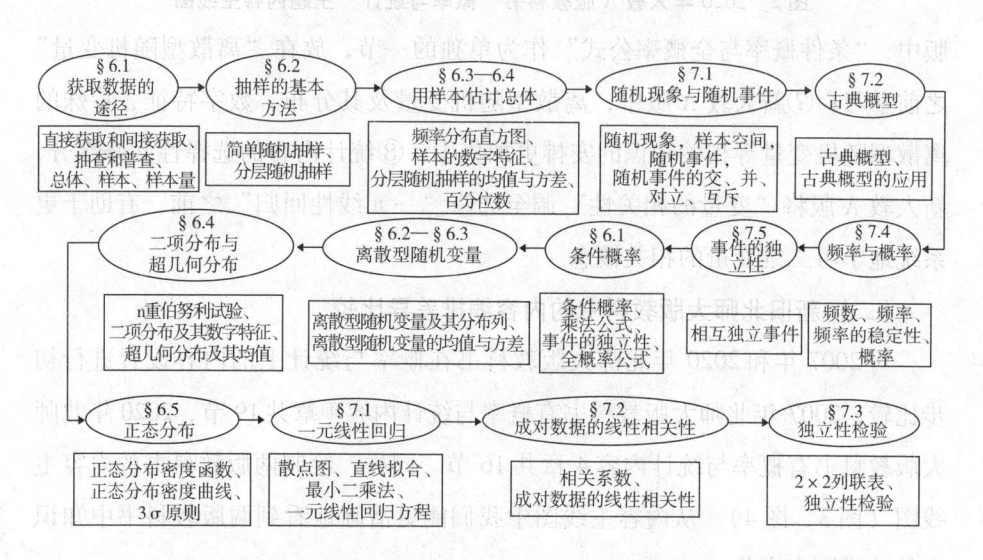

图4 2020年北师大版教科书"概率与统计"主题内容主线图

有别于旧版教科书在学习统计图表时重点突出统计图表呈现样本数据的直观性，说明新版教科书强调统计图表在估计总体分布上的作用；③新北师大版改变了对"一元线性回归"和"变量间相关性"的螺旋上升式编排，统一将其放在选择性必修中系统学习。

概率必修部分，④新北师大版增加了样本点、样本空间等知识点；⑤交换了"事件互斥"和"古典概型"呈现的顺序；⑥删除了旧北师大版"模拟方法"一节，包括其中的随机数和几何概型内容；⑦增加了"频率与概率"和"事件的独立性"两节内容。

在概率选择性必修部分，⑧新北师大版将"条件概率"放在了"离散型随机变量"之前学习，并在学习完离散型随机变量的概念和性质后再学习两种典型的离散型随机变量（二项分布和超几何分布）。

二、关于知识点的处理

第一，北师大版将"古典概型"设置为单独的一节，并且是在学习了随机事件的运算后再学习古典概型的，与人教版为了使概率的运算有实例支撑而把古典概型安排在前面不同；第二，新北师大版没有介绍二项分布和超几何分布的均值与方差；第三，新北师大版在必修和选修中都安排了"事件的独立性"，而人教A版只安排在选修中；第四，新北师大版用向量法推导了一元线性回归方程，而新人教版用的是最小二乘法；第五，北师大版和人教版对"事件的独立性"和"概率"的编排顺序相反；第六，新人教A版额外安排了一节"统计案例"，对数据的收集整理和分析进行综合运用，新北师大版则未安排；第七，选择性必修部分，北师大版和人教A版对"成对数据的相关性"和"一元线性回归"的编排顺序相反。

这些差异正是各版教科书的特色所在，呈现出教科书编排的多样化。在2017年版课标的指导下，两版新教科书相对于旧教科书所做出的共同改变，首先在于对知识点的删减，不外乎是服从了2017年版课标的要求；而在知识点编排上的变化，两版新教科书具有以下几点共性。

（一）注重知识内容逻辑的整体性安排

区别于旧教科书模块式的安排方式，新教科书更重视对知识点的系统学习。尤其是在概率章节的编排上，新教科书类比函数的学习，发展出一套更为系统、集中的研究路径[2]。由于概率是将随机事件概率之间的定量关系作为研究对象，以逻辑演绎的方式研究随机现象的规律，与传统的数学研究很相似，所以新教科书以函数的研究路径为模板，呈现了数学一贯的"研究一个数学对象的基本套路"：由现实生活中的随机现象归纳随机试验的特点，再通过引入样本点、样本空间的概念，对随机现象进行数学化，并在样本空间的基础上定义随机事件，为实现用数学的语言和方法展开对概率对象的研究奠定基础。这有助于学生充分体会将实际问题数学化的过程，是发展学生数学抽象素养的重要环节。随后用数学的语言和工具得出概率的定义、性质和运算法则，并将古典概型作为学生在理解概率的性质时的具体示例支撑。

选择性必修中对随机变量的研究也遵循了这样的研究路径：类比函数在数集与数集之间建立对应关系，新教科书提出建立随机试验样本空间与实数集的映射，采用统一的方式，更好地利用数学工具全面研究随机试验。在这样的思路下，新教科书首先通过归纳随机试验中样本点的特点，抽象出离散型随机变量的概念，在学习完离散型随机变量及其分布列、数字特征等性质之后，统一安排了对典型的离散型随机变量（二项分布、超几何分布）的学习，这与两版旧教科书都把"离散型随机变量的均值与方差"放在具体的离散型随机变量示例"超几何分布"和"二项分布"之后有着明显的差别。新教科书的安排使得整个过程连贯而自然，对特定知识点的学习一气呵成，有助于学生建构完整的知识体系。

统计部分也有类似的编排规律。新教科书改变了对"一元线性回归"和"变量间相关性"的螺旋上升式编排，统一将其放在选择性必修中系统学习。笔者认为如此安排更注重知识的连贯性："成对数据的统计相关性"先定性描述、后定量刻画两个变量的相关性，新教科书先通过散点图直观推断变量之间的相关关系，紧接着指出光靠散点图不足以了解到变量间的相关程度，借此引入样本相关系数，从定量的角度刻画变量间的相关程度；"一元线性回归模型"则用具体的一元线性回归模型刻画两个变量之间的相关关系。本章的三节内容都采用先直观描述再逻辑表达的顺序进行编排，体现了统计学研究问题的一般思路。

（二）强调培养学生的数据分析素养

2017年版课标指出：数据分析素养就是针对研究对象获取数据，运用数学方法对数据进行整理、分析和推断，形成有关研究对象知识的素养。实际生活中遇到的数据分析问题，大多需要通过对样本数据的分析实现对总体情况的推断，所以高中数学教学要求学生认识到样本数据具有随机性，通过样本数据得到的结论也具有或然性，从而增强用数据表达问题的意识，提高用数据认识事物的思维品质。

在对新旧教科书的分析中发现，新教科书在"用样本估计总体"上增加了大量篇幅，展现出更详尽的编排成果。从页码数的变化可以看到新人教 A 版教科书和新北师大版教科书在"用样本估计总体"一节上的重视情况：新人教 A 版从 16 页的篇幅增加到了 22 页，新北师大版更是从 10 页增加到了 22 页。

新人教 A 版教科书严格按照 2017 年版课标对"用样本估计总体"的要求，将原来的两节内容扩充到了四节，从取值规律、百分位数、集中趋势、离散趋势四个方面安排教学。新教科书以详尽的描述介绍了用样本数据的分布估计总体分布的必要性和科学性，如在统计图表的教学中，旧教科书只介绍了茎叶图，新教科书则举例说明了在不同的实际问题下可按需选取条形图、折线图、扇形图、复合条形图等统计图表，对数据做出恰当的可视化描述。新教科书还以公司所有员工工资的平均数、众数、中位数为例，形象地说明不同的数据特征为人们对总体的估计带来了不同的效果。

强调用样本估计总体思维的变化在新北师大版教科书中尤为突出。新北师大版教科书将平均数、方差、标准差等"数据的数字特征"放在了"用样本估计总体"的知识框架下，数据的数字特征功能定位也发生了变化。如，旧教科书中称：数据的信息除了通过前面介绍的各种统计图表来加以整理和表达之外，还可以通过一些统计量来表述，也就是将多个数据"加工"为一个数值，使这个数值能够反映这组数据的某些重要的整体特征。而新教科书对数字特征的介绍为：通常，人们利用样本的数字特征来估计总体的数字特征。例如，用样本的平均数来估计总体的平均数，用样本的方差来估计总体的方差。

除此之外，新北师大版教科书还将"分层随机抽样的均值与方差"作为一小节，让学生充分体会不同的抽样方法下用样本估计总体效果的差异，可见新教科书非常强调对学生推断统计思维的训练；新北师大版教科书也不再将统计图表作为单独的一节进行学习，而是在"用样本估计总体分布"下重点学习了频率分布直方图和频率折线图，并明确指出可用它们估计总体的分布。另外，新北师大版教科书在引入"频率分布直方图"时用到的实例为：

61

为了了解本市居民的生活成本,同学甲利用假期对所在社区进行"家庭数"和"家庭每月日常消费额的调查",这都说明了新教科书强调统计图表在估计总体分布上的作用。

(三)突出结合具体案例介绍统计概念和方法,突出数据分析方法的形成过程,体现方法的合理性

两版新教科书都以"结合具体案例介绍统计概念和方法,突出数据分析方法的形成过程,体现方法的合理性"为统计内容编写的主要原则。例如,新人教A版、新北师大版以全国人口普查的真实案例引入普查、抽查、总体、个体、样本、样本量等概念。在引入分层随机抽样时,新人教A版教科书采用了"引导学生设法提高对高一年级全体学生身高平均值的估计效果"的案例,新北师大版教科书则使用了"使抽取学生对教师进行评价的方式更合理"以及"调查全市超市每日零售额"的案例。两版新教科书都通过具体的案例创设情境,让学生体会提高样本代表性的重要性,感悟引入新的随机抽样方法的必要性和科学性。

从例题的数量也可以看出,新旧教科书在运用具体实例上的区别。就"用样本估计总体"一节而言,旧人教A版用了2个例子,练习从统计图表和数字特征两个角度分析数据;而新人教A版多用问题情境的形式引出频率分布直方图、百分位数、方差、标准差等知识点,并用6个实际情境的例题巩固概念与方法。旧北师大版在该节内容中只用了1道例题,新北师大版则用了10道例题帮助学生理解统计概念与方法,这些例题都是从生活情境出发,有的情境甚至贯穿了该节大部分知识点的学习,为学生理解统计概念与方法的形成过程提供了大量具体实例。

这样的编排特点是因为统计概念与方法大多来源于实际情境,导致统计学具有很强的应用性。与数学其他分支通过演绎证明、在建立基本概念和定义的基础上发展壮大的方式不同,统计学是建立在来自实际问题的数据上,通过归纳的方式进行数据分析,进而构建知识结构体系。所以,教科书对知识点的呈现也离不开具体案例。显然新教科书更加凸显了统计学的这一特点,安排了大量案例,倡导以具体案例驱动学习,带领学生体会数据的随机性,培养统计思维,积累数据分析的经验,发展相关数学素养。

三、启示与建议

总的来说，新教科书在编排原则上遵守了 2017 年版课标的要求，遵循学生的认知规律，创设大量案例，充分展示"概率与统计"概念与方法的形成与发展过程；学生通过深入体会"用样本估计总体"的统计思想，奠定发展统计思维的基础，也为发展数据分析素养铺路。新教科书作为指导教学活动的重要文本，其编排特点也反映了 2017 年版课标的先进教育思想和理念。

（一）整体把握教学内容，促进数学核心素养连续性和阶段性发展

新教科书在内容组织上更具整体性和层次性，优化了知识点的内部逻辑和教科书的体系结构。2017 年版课标也要求教师要抓住高中数学课程四条主线内容，引导学生从整体上把握课程，重视数学核心素养发展的连续性和阶段性。对"概率与统计"新知识的教学，可以从学生已具备的知识经验中寻找生长点，不仅可以在对象的属性上类比函数，对研究对象的学习路径也可以参考函数的教学，打破从前螺旋式上升的教学方法，不仅要让学生知道"是什么"，还要趁热打铁让学生明白"为什么"，引导学生从整体上认识概率。

（二）结合案例学习，在问题情境中培育数学核心素养

"核心素养"不是直接由教师教出来的，而是在问题情境中借助问题解决的实践培育起来的。[3]统计概念与方法大多来源于实际情境的需要，导致统计学具有很强的应用性，对数据分析素养的培养自然离不开具体的情境。

新教科书强调结合具体案例介绍统计概念和方法，重视数据分析方法形成过程的呈现，让学生理解公式和方法背后的统计思想原理，这是机械的重复练习所不能代替的。教学中可以设置多样的、多层次的教学情境和数学问题，帮助学生在与情境案例的交互中自觉运用数字的特征对客观事物的规律进行描述、分析和推理判断，在对数学问题的解决中理解知识的本质，促进数学核心素养的形成和发展。

参考文献：

［1］严士健，张丹. 统计与概率［M］. 北京：高等教育出版社，2006：12-13.

［2］章建跃，程海奎. 高中必修课程中概率的教材设计和教学思考——兼谈"数学核心素养如何落地"［J］. 课程·教材·教法，2017，37（5）：27-33.

［3］钟启泉. 基于核心素养的课程发展：挑战与课题［J］. 全球教育展望，2016，45（1）：3-25.

第二章

指向数学核心素养养成的教学实践

第一节 重新认识高中数学教学

素养为本的高中数学教学综合改革

李昌官[①]

一、素养为本的高中数学教学综合改革的提出

当今社会已经进入人工智能、互联网、大数据时代,要求学习者具有对复杂概念深层次理解,以及利用复杂概念创造新概念、新理论、新产品、新知识的能力[1],但我国学生在这些方面的能力明显薄弱。学生的问题在很大程度上源于教师的教学。就高中数学教学而言,很多教师课时设计的观念根深蒂固,教的是孤立的知识;教学模式背离创造性思维的特点和过程;教学设计缺乏基本的章法,技术含量低;学生活动主要是任务取向、操作取向,而不是问题取向、思维取向;作业机制游离于课堂教学改革,不利于数学学

---

① 李昌官,浙江省台州市教育教学研究院书记,正高级教师。

科核心素养的生成。针对高中数学教学各环节、各方面存在的主要问题，基于数学学科核心素养的生成机理，需要对高中数学教学进行综合改革。

二、素养为本的高中数学教学综合改革的主要内容

素养为本的高中数学教学综合改革是指以更好地孕育学生的数学学科核心素养为目标，站在系统与整体的高度，综合考虑影响和制约高中数学教学的相关因素和环节，以单元为教学设计的基本单位[2]，以 ADE 模型为教学设计的概念框架和技术路线图，采用问题中心的教学设计[3]和"五环十步"研究型教学模式来实现深度学习、促进素养生成，通过作业改革建立素养为本、课内外一体的学习机制，追求整体教学效益最大化的高中数学教学改革。

素养为本的高中数学综合改革具有两大特点：一是素养为本，即注重知识的"质"而不是"量"，是思维与素养取向而不是知识与技能取向；二是"五管齐下"，综合改革，即从教学设计单位、教学设计策略、教学设计技术、课堂教学模式、作业机制优化等五方面统筹考虑、综合实施。

（一）变知识为本的教学目标为素养为本的教学目标

从如下六方面入手，使高中数学教学目标由重知识的"量"转变为重知识的"质"，由知识为本转变为素养为本。

第一，明确数学学科核心素养对教学工作的意义与价值。核心素养既为数学教学指明了目标与方向，也为教与学方式方法的变革指明了方向，即教与学应该通过抓核心、抓关键、抓根本，做到化繁为简、以简驭繁、以少胜多。为核心素养而教是解放教师、解放学生、提高教学效率与效益的关键。

第二，把握好数学学科核心素养的本质与要点。与中国学生发展核心素养一样，数学学科核心素养是以人的全面发展和可持续发展为根本的出发点和着力点，它的三个支撑点是正确的价值观、必备品格和关键能力。

第三，注意数学学科核心素养的整体性、层次性与联系性，认识到"四基"是发展核心素养的沃土，发现、提出、分析、解决问题是发展核心素养的途径与方式。数学教学既要夯实基础，又要有意识地提炼、升华（图1）。

第四，全面把握数学知识的属性与功能：认知属性与功能、工具属性与功能、启智属性与功能、文化属性与功能。理清数学知识、数学方法、数学

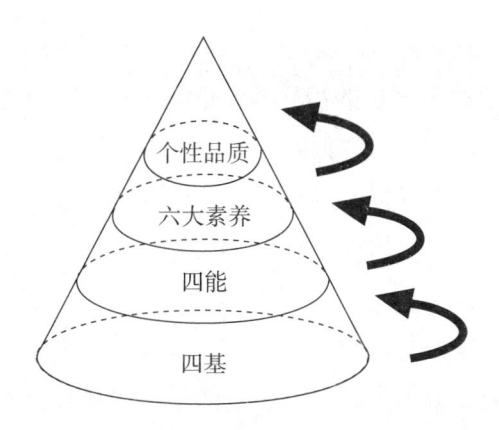

图1

技能、数学能力、数学素养之间的联系与区别,理清数学知识和数学技能转化、积淀为数学素养的基本途径与基本方式。

第五,把握数学学科核心素养生成的基本过程、基本机制与基本方法,预设素养为本的教学目标达成的途径与方式,有效落实素养为本的教学目标。

第六,预设素养为本的教学目标的评估方案,预估其达成程度。因为"逆向设计会使预期结果、关键表现以及教与学的体验之间产生更大的一致性,从而使学生有更好的表现。"[4]

(二) 以单元为教学设计的基本单位

单元教学是指从数学内容的整体性、学生学习的整体性、学生发展的整体性出发,把对外相对独立并且内在关联性强、共同特征多的数学内容进行整合和重组,并将整合和重组后的内容作为一个相对独立的教学单元,以此为单位进行整体分析、整体设计、整体评价,以凸显数学知识的整体性与关联性,追求整体大于局部之和的教学。[2]

单元教学实施的步骤与方法如下。

步骤一,确定单元主题与课时。教师依据课程标准、教材、学生实际和自身实际,把对外相对独立、内在关联性强、共同特征多的数学内容作为一个教学单元,并确定所需课时数。

步骤二,分析教学要素(包括学习内容分析、学生认知分析、学习环境分析),确定教学目标。在深度分析教学要素的基础上,突出和强化数学学科核心素养目标,增强教学目标的整体性、层次性、差异性和可测性。

步骤三，基于教学目标，设计学习评价。学习评价设计前置既是为了增强教学目标对教学过程设计的指导性，也是为了减少教学目标、教学过程、学习评价之间的"落差"与"偏差"。

步骤四，基于教学目标，设计数学问题与学习活动。充分发挥"单元"相对"课时"系统性、整体性强的特点与优势，按"总—分—总"的思路设计数学问题和教学活动。

步骤五，基于学习与研究需要，设计学习与研究指导。从学习的条件、原理、规律和构成要素出发，先对学生的学习与研究进行具有较强观念性、策略性、框架性的指导，然后再考虑如何指导学生突破具体的、细节上的学习障碍。

步骤六，设计学后反思与作业。学后反思是通过梳理知识的获得过程和问题的解决过程，使隐性的思维策略与思维方法显性化，促进学生获得更多更好的数学活动经验。

而在实施单元教学的过程中，需要注意从以下三方面提高教学有效性。

第一，重新认识和界定单元起始课的教学功能与价值。单元起始课的教学价值不仅在于学到多少知识与技能，还在于为后继学习提供动力、观念、方法等方面的先行组织者，是在为什么学、学什么、如何学等方面为后继学习提供帮助。

第二，处理好单元整体设计与课时教学的关系。根据单元整体设计进行课时教学，处理好分解与综合的关系，加强课时之间的衔接与协调。后继教学要围绕大问题与核心概念，并不断落实、巩固与强化本单元学习的一般观念与方法。

第三，更加重视教、学、评的内在一致性。单元比课时"大"，"大"有"大"的优势，也有"大"的劣势，这个劣势就是单元教学比课时教学更容易产生教、学、评之间的"落差"与"偏差"，因此实施时应根据实际情况，尤其是学生的"四基"水平对事先的教学设计进行调整。

（三）以 ADE 模型为教学设计的概念框架和技术路线图

图 2 的教学设计流程图和图 3 的教学设计思维导图统称为"ADE 教学设计模型"，简称为"ADE 模型"。[5]因为它由分析（Analysis）、开发（Development)、评估(Evaluation)三个环节组成。

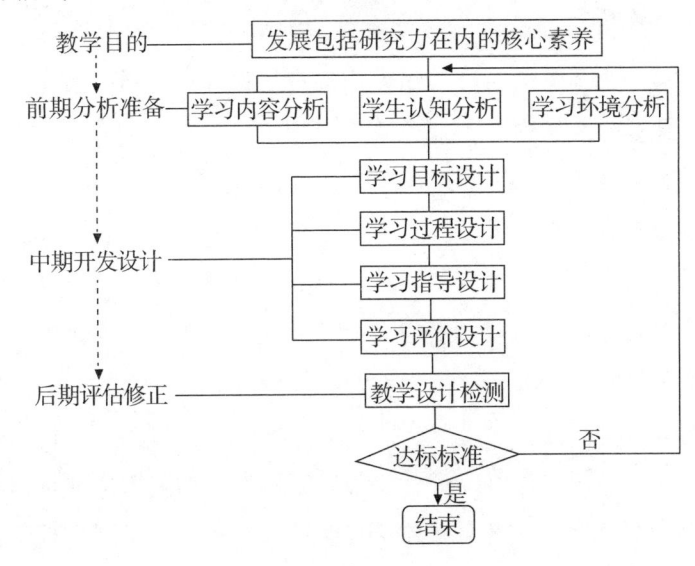

图2 高中数学教学设计流程图

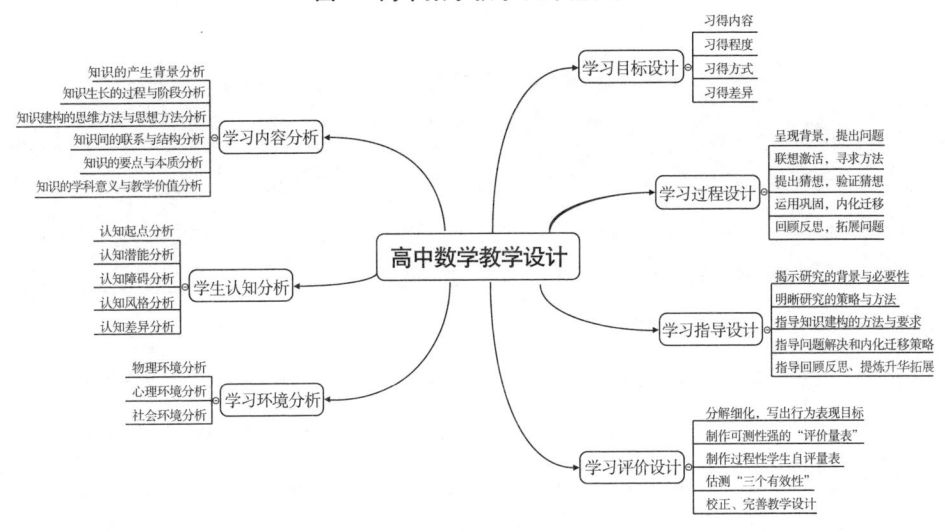

图3 高中数学教学设计简略版思维导图

教学设计流程图蕴含的主要教育思想和教学理念有：以发展学生的核心素养为教学的根本目的；以教学要素的深度分析为教学设计的基础；以"学为中心，学的设计先于教的设计、重于教的设计，教的设计围绕学的设计、服务于学的设计"为教学设计的基本思路；以教学设计的评估与修正为教学设计质量的保证。使用该流程图时，应把握其精神实质。

教学设计思维导图蕴含的教学理念有：学习即研究，教学即研究指导；教学设计应有一个基本的、可灵活使用的章法；应尽力提高教学设计的技术含量。使用该思维导图时，不能把它当作固定的、僵化的框架，而应以对话的形式将其转化为教学设计提示语。如，知识的产生背景与固着点是什么？其生长过程与生长阶段是怎样的？知识建构所用的数学思想方法与思维方法是什么？知识间的联系与结构如何？其要点与本质又是什么？知识具有怎样的教学价值？等等。为了增强操作性与针对性，还要把该模型的下一级框架也转化为教学设计提示语。

教师实施教学，宜以单元为单位使用 ADE 模型。因为学生的有效探究需要以大概念或核心知识为单位进行，需要突破课时的局限；并且以单元为单位进行教学要素分析可以减少不必要的重复劳动。ADE 模型为教学设计提供了操作性、普适性较强的概念框架和技术路线图，有利于提升教师教学设计的科学化、专业化水平。

（四）以问题中心为数学教学的基本策略

问题是数学的心脏，问题及其解决策略是数学教与学的心脏，问题中心的数学教学能更好地孕育核心素养。"问题中心的数学教学"是指以促进学生核心素养发展为目的，以特定的数学知识为载体，以数学问题的发现、提出、分析、解决和拓展为教学的基本线索，围绕大问题及其解决策略组织教学，并以元认知问题作为激励、引领、指导和促进学生学习的基本方式。它有四层含义：一是围绕核心问题、大问题组织教学；二是以问题发展的内在逻辑为主线组织教学，注重自然、合理地提出问题、解决问题、拓展问题；三是以元认知问题暗示问题解决的策略与方法，做到学习指导问题化。在这里，问题是把教师的教转化为学生的学的桥梁与纽带，是能够增强学生学习动力与学习能力的"教"。

问题中心的数学教学的主要策略与方法有以下几点。

一是基于大背景，设计大问题。这里的"大背景"是指蕴含着比较大的数学问题的比较大的情境或背景，而不是局限于细节或细小问题的小情境。"大问题"是指时间上先于其他问题，内容上涵盖其他问题，由此派生出其他问题,对整个单元学习和研究起统率与引领作用的问题。

二是基于大问题,设计"问题系"。即把大问题分解、转化为一系列"子问题和孙问题",形成解决大问题的思维框架——"问题系"。"问题系"的实质是通过分解、转化大问题,形成一种认知操作系统和问题解决系统。

三是基于学生的数学现实,设计"元认知问题"。这里的"元认知问题"是指以问题或提问的形式暗示、帮助学生加强对自身认知活动的自我调节、自我监控。其实质是从学习的"内部条件和外部条件"[6]入手,通过增强学生解决问题的"内在力量",促进他们有效解决问题;其特点是"含而不露、隐而不发",是"道而弗牵,强而弗抑,开而弗达"。

四是基于学习目标,设计"迁移性问题"。这里的"迁移性问题"是指为巩固、内化和迁移前面所学的知识,并促进这些知识向能力与素养转化的数学问题。它通常由例题、课堂练习、课外作业三部分组成。需要指出的是,迁移性问题中要有一定量的创新性、实践性、综合性问题。

(五) **以研究型教学为深度学习的载体与平台**

高中数学研究型教学是指学生在教师创设的问题情境中,在教师提供的认知策略与研究支架的指导下,通过独立研究或合作研究,自主提出问题、解决问题、拓展问题,旨在掌握学习与建构数学知识、研究数学问题的一般思路与方法,增强包括研究力在内的数学核心素养的教学。研究型教学的核心理念是学习即研究,教学即研究指导;其实质是教师强有力的元认知指导下的学生自主学习与研究。[4]研究型教学具有素养为本、问题中心、学教耦合、自主探究、注重本质等特征。

深度学习与浅层学习相对,是指学生借助教师"为了不教的教",以真实的、有挑战性的问题为载体,以自主探究和高阶思维为学习与解决问题的基本手段,获得对学科知识、方法、思维方式的深度理解与意义建构,能有效促进人的精神成长的学习。深度学习需要投入比较多的时间和精力,才能产出有深度的、效益好的结果。它既是一种指向核心素养、利于核心素养生成的学习,也是一种追求知识的"质"胜过追求知识的"量"的学习,是一种以简驭繁、以少胜多、以质取胜的学习。高中数学深度学习具有如下特征:一是高阶任务,即要解决高阶问题、达成高阶目标;二是高阶投入,即投入的要素全面、投入的量大;三是高阶技术,即需要借助高阶思维甚至是信息技术来完成任务;四是高阶结果,即不仅得到结构良好、迁移功能强的知识,还有人的精神的成长。

研究型教学能有效促进深度学习和核心素养的生成,主要缘于如下三方面。

第一,ADE 模型为深度分析教学要素提供了概念框架。深度学习离不开深度教学,只有建立在深度理解数学、深度理解学生、深度理解环境基础上的教,只有"为了不教而教"的教才能导向深度学习。

第二,"五环十步"为深度学习搭建了载体与平台。其中的"五环"分别为:环节一,"呈现背景,提出问题",教师呈现数学问题的产生背景,学生自己提出需要研究的数学问题。它不仅为学生提供了发现、提出问题的平台,也有助于学生理解知识的起源。环节二,"联想激活,寻求方法",学生在联想激活相关数学活动经验的基础上,寻求解决新问题的思路与方法。它不仅为学生的有效探究创设了条件,还为建立新旧知识的联系、促进经验与方法的迁移提供了载体与平台。环节三,"提出猜想,验证猜想",要求不论是发现数学定理法则还是建立数学概念或解决数学问题,都应该有一个提出猜想、验证猜想的过程,有一个由证伪走向证实的过程[7]。它不仅有利于学生直觉与逻辑的协调发展,还为学生创新意识与能力的发展提供了载体与平台。环节四,"运用新知,巩固内化",为及时巩固、内化新知,促进知识转化为能力提供载体与平台。环节五,"回顾反思,拓展问题",为强化知识的整体性、结构性与联系性,强化思维的反省性、批判性与创新性提供载体与平台。

第三,研究型教学的策略与要求为深度学习提供了保障。研究型教学中的教师职责是育人导学、育人导研;教学功能是指导学生研究;教学方式是以问题为中心,为学生搭建主动参与、深度参与的载体与平台。研究型教学把着力点放在问题及其解决策略上,使教学由任务取向型走向思维取向型,由关注低阶思维走向关注高阶思维,帮助学生形成数学学科的一般观念和思维方式。

(六)以作业改革为抓手,建立素养为本、课内外一体学习机制

作业是学生学习的重要组成部分,没有相应作业改革的教学改革是不完

整的。2019年6月国务院办公厅印发的《关于新时代推进普通高中育人方式改革的指导意见》中明确提出:"提高作业设计质量,精心设计基础性作业,适当增加探究性、实践性、综合性作业"[8]。基于此,从如下五方面入手,实施高中数学作业改革。

第一,加强发展性作业,做到巩固性作业与发展性作业相结合。这里的"巩固性作业"是指以巩固所学的知识与技能为目的,所用的思路和方法与课内例题和习题相似,模仿性强、创新性弱的数学作业。"发展性作业"是指以拓展数学知识和创造性地解决问题、提升学生数学素养为目的,解题思路与课内的例题、习题具有较大差异的数学作业。

第二,加强课前作业,做到课后作业与课前作业相结合。当下的作业通常是作为当天课堂学习延伸的课后作业,而缺少为后续课堂学习做准备的课前作业。为了突破课堂时空对深度学习的限制,建立课内外一体化的深度学习机制,需要对传统的课前作业——"课前预习、课前自学"进行改造和优化,使之升级为"课前探究"。相应地,后继教学需要安排交流、展示、修正和完善学生课前探究结果的环节。

第三,加强合作作业,做到独立作业与合作作业相结合。合作能力是人的基本能力,应在坚持独立作业为主的基础上,加强合作作业。如,布置一些有一定难度的、学生发自内心地觉得有合作必要性的、需要思维互补与智慧共享的研究性作业、主题式作业、数学建模作业等。

第四,加强长时作业,做到长时作业与短时作业相结合。当下的作业基本上是与课时教学、与解高考题相适应的"小作业",而缺少与单元教学、大概念学习相适应的"大作业";都是为了巩固特定的知识与技能,所需时间较短的"短时作业",而缺少需要反复地,持续不断地思考的"长时作业"。应发挥长时作业在培养学生的意志、毅力和思维的整体性、条理性与专注性等方面的独特优势与价值。

第五,加强反思性作业,做到常规性作业与反思性作业相结合。学习有两个基本过程:一是获得与建构,二是整理与反思。知识有事实性知识、概念性知识、程序性知识和反省认知知识之分[9],因此反思性学习、反思性作业是学生学习与作业不可缺少的一部分。通过反思性作业,加强学生对知识的联系、结构、要点、本质以及获取思路与方法的反思,对自身学习过程、学习方法、学习结果的反思,提升学习能力与学习效益。

高中数学教学,应通过作业改革,建立与素养为本、单元教学、研究性学习相适应的课内与课外一体的数学作业机制;通过建构完整全面的作业体系来建构完整全面的数学学习体系,进而培养完整全面发展的人。

素养为本的高中数学综合改革坚持"顶层设计"与"摸着石头过河"相结合,坚持"取势"(把握教学改革的大势)、"明道"(揭示教学的基本原理)、"优术"(优化教学的技术与方法)的结合,坚持系统的框架引领与教师个性化的自我创造相结合,坚持重点突破与以点带面相结合,不求全求美但求精求实,最终形成目标指向明确、多管齐下、重点要点突出的高中数学教学改革体系。

参考文献:

[1] [美] R. 基思·索耶. 剑桥学习科学手册 [M]. 徐晓东,等,译. 北京:教育科学出版社,2010:1-2.

[2] 李昌官. 基于核心素养的数学单元教学 [J]. 中国数学教育,2018 (5):3-6.

[3] 李昌官. "导学问题"与"问题导学" [J]. 中学数学教学参考,2018 (19):6-8.

[4] [美] 格兰特·威金斯,杰伊·麦克泰格. 追求理解的教学设计(第二版)[M]. 闫寒冰,宁雪莲,赖平,译. 上海:华东师范大学出版社,2017:14-34.

[5] 李昌官. 高中数学研究型教学 [M]. 上海:华东师范大学出版社,2019.

[6] [美] R·M·加涅. 学习的条件和教学论 [M]. 皮连生,王映学,郑葳,等,译. 上海:华东师范大学出版社,1999:59.

[7] 李昌官. 数学证伪教学与数学教学的优化 [J]. 课程·教材·教法,2019,39 (6):93-99+47.

[8] 国务院办公厅. 国务院办公厅关于新时代推进普通高中育人方式改革的指导意见(国办发〔2019〕29号)[EB/OL]. http://www.gov.cn/zhengce/content/2019-06-19/content_5401568.htm,2019-06-19.

[9] [英] L·W·安德森,等. 学习、教学和评估的分类学 [M]. 皮连生,主译. 上海:华东师范大学出版社,2008:25-27.

素养为本的高中数学教学目标

李昌官[①]

教学目标是教学活动的出发点和落脚点，它对教学过程设计和学业评价设计具有定向、引领和调节功能。当下高中数学教学目标设计存在三大偏差：一是重知识技能，轻思维素养；二是教学目标设计与教学过程设计、学业评价设计相脱节；三是核心素养目标设计背离核心素养生成机制。这些偏差严重制约了数学教学改革和教学质量提高。

一、数学学科核心素养与高中数学教学目标

（一）数学学科核心素养的含义

《普通高中数学课程标准（2017年版）》（以下简称《2017版课标》）指出："数学学科核心素养是数学课程目标的集中体现，是具有数学基本特征的思维品质、关键能力以及情感、态度与价值观的综合体现，是在数学学习与应用过程中逐步形成和发展的。"因此，理解和把握数学学科核心素养需要注意：（1）它不完全等同于数学课程目标，它只是数学课程目标的集中体现；（2）它与中国学生发展核心素养一样，包括正确的价值观念、必备品格、关键能力三个方面，而不仅仅是六大关键能力或六大核心素养；（3）数学抽象、逻辑推理、数学建模、直观想象、数学运算和数据分析是数学学科的六大关键能力，它们不是数学学科核心素养的全部。

（二）高中数学教学目标的整体性与层次性

《2017版课标》提出的高中数学课程目标是通过高中数学课程的学习，学生能获得进一步学习以及未来发展所必需的数学基础知识、基本技能、基本思想、基本活动经验（简称"四基"）；提高从数学角度发现和提出问题的能力、分析和解决问题的能力（简称"四能"）；能发展数学抽象、逻辑推

[①] 李昌官，浙江省台州市教育教学研究院书记，正高级教师。

理、数学建模、直观想象、数学运算、数据分析等数学学科核心素养；能提高学习数学的兴趣，增强学好数学的自信心，养成良好的数学学习习惯，发展自主学习的能力；树立敢于质疑、善于思考、严谨求实的科学精神；认识数学的科学价值、应用价值、文化价值和审美价值。

这个课程目标既具有整体性，又具有层次性。这种整体性与层次性体现在"四基""四能""六大数学关键能力"和个性品质等方面，它们既有层次上的差异，又是一个相互联系的整体。其中，"四基"是发展，"四能"的载体，"四能"是孕育，"六大数学关键能力"的载体，个性品质在学生形成"四基"、发展"四能"、孕育"六大数学关键能力"的过程中生成与发展。高中数学教学既应夯实"四基"，也应有意识地促进"四基""四能"向更高层次发展（图1）。

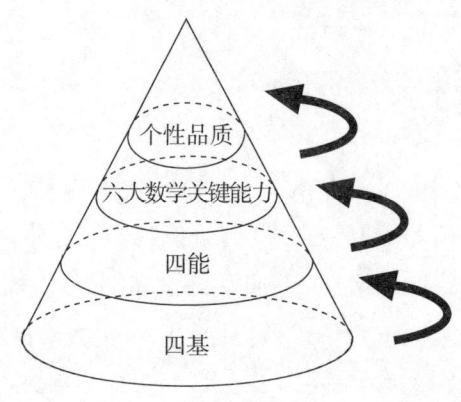

图1

（三）数学学科核心素养的意义与价值

只有当教师发自内心地认可数学学科核心素养的意义与价值，他们才会自觉地、主动地制订和落实素养为本的数学教学目标。数学学科核心素养至少具有如下三方面的意义与价值。

第一，它为数学教学指明了正确的方向与目标。在乌镇举行的第四届世界互联网大会上，苹果CEO蒂姆·库克（Timothy D. Cook）曾说："我并不担心机器会像人一样思考，但我担心人像机器一样思考。"这向数学教学提出了一个严肃的问题和一个严峻的挑战：在人工智能时代，如何培养与机器竞争工作机会的胜利者、与机器共舞的创造者？数学学科核心素养对此做出了很好的回答和回应，即数学教学应指向数学学科关键能力，应指向机器不具备的个性品质和创新精神。

第二，它有助于教与学方式方法的变革与优化。学生最终学到什么，不仅取决于知识的类型，还取决于教师教与学生学的方式方法，取决于教与学的过程。素养为本的数学教学与知识技能为本的数学教学有着本质的不同，这决定了它们在教学组织、教学策略、教学方法等方面有很大差异。因此，应基于培育学生核心素养的需要，对教与学的各方面、各环节进行全面地反思和改进，明确素养为本的数学教学的基本策略与基本方式，进而实现教与学方式方法的优化和升级换代。

第三，它有助于提高教与学的效益，是提高教学质量的关键。素养为本的数学教学通过抓核心、抓关键、抓根本，达到化繁为简、以简驭繁、以少胜多之目的，达到通过"有限"来把握"无限"、通过把握"眼前"来把握"未来"之目的。因此，聚焦数学学科核心素养是提高数学教学质量的关键。

二、数学学科核心素养生成的基础与机制

（一）数学知识的属性与功能

知识是人们对现实世界的认识，是客观事物在人脑中的反映。知识既具有客观性，也具有主观性；既具有过程性，也具有结论性；既具有工具性，也具有人文性。"知识具有科学属性、辩证属性、文化属性、社会属性和实践属性。"[1] "数学是研究数量关系和空间形式的一门科学。数学源于对现实世界的抽象，基于抽象结构，通过符号运算、形式推理、模型构建等，理解和表达现实世界中事物的本质、关系与规律。"数学知识具有与其他一般知识相类似的属性。

事物总是具有数与形两方面，数学知识表达的是客观事物数与形方面的本质、关系与规律。"数学，连同写在纸面上的和数学家所想的，都是反映现实世界的，而数学的真理则在于它同客观现实相一致。"[2] 因此，数学知识具有认识世界的认知属性和认知功能。

数学知识所刻画和蕴含的规律、思想与方法为人们解决数学问题、科学问题、现实问题提供了强有力的工具。在信息化和人工智能社会，数学更是

直接为社会创造价值。因此，数学知识具有直接改造世界的工具属性与工具功能。

数学的核心是概念与思维，数学是思维的体操、思维的科学。数学在提升人的思维能力、优化人的思维方式与思维品质、发展人的智力等方面具有其他学科无法比拟的优势。因此，数学知识具有优化人的思维的启智属性和启智功能。

"数学，作为人类思维的表达形式，反映了人们积极进取的意志、缜密周详的推理以及对完美境界的追求。"[3] "数学提供了一种思维的方法与模式，提供了一种最有力的工具，提供了一种思维合理性的标准，给人类的思想解放打开了道路。"[4] 苏霍姆林斯基曾十分精辟地指出："世界观的形成乃是智力的核心"[5]。柏拉图也曾十分深刻地指出："学习数学是通向民主的唯一道路"[6]。因此，数学知识具有提升人的精神境界的文化属性与文化功能。

（二）知识、方法、技能、能力、素养的联系与区别

知识是人们在社会实践中获得的认识和经验，方法是为达到某种目的而采取的途径、步骤、手段等。方法是对知识的运用，是活的知识；知识是方法的基础与依据。技能是个体运用已有的知识经验，通过反复练习而形成的一定的动作方式或智力活动方式，能力是掌握和运用知识技能所需的个性心理特征，是能够胜任某项任务的主观条件。能力是普适性更强、内涵更深刻的高级技能；技能的形成主要靠训练，能力的形成还需要感悟与内化。素养是知识、方法、能力的内核，是以知识、方法、能力等为基础，并由它们凝聚而成的更深刻、更本质、更稳定的心理特征，普适性强的思维策略与思维方法更容易转化、积淀为素养。数学教学应注意知识、方法、技能、能力、素养的联系与区别。因为只有指向素养，能够凝聚和进化为素养的知识与方法才能在更宽广、更复杂的情境中发挥作用；只有能够触及人的心灵的知识与方法才能更好地促进人的精神成长。

（三）数学学科核心素养生成的途径与机制

核心素养的整体性、深刻性和联系性决定了单元设计比课时设计，深度学习比表层学习更利于它的生成与发展。而深度学习又决定了学生的学习必然是教师指导下具有较强自主性、需要强化感悟与内化的学习，决定了教师

的教应该能够转化为学生的学的内在动力与能力。

数学知识的属性与功能，知识、方法、技能、能力、素养之间的联系与区别，在很大程度上揭示了数学学科核心素养生成的途径与机制。数学教学应完整而准确地把握数学知识的属性与功能；应设法打开数学知识的"坚硬外壳"，让蕴藏其中的研究方法、学科观念、学科思维和学科价值能为学生吸收和消化；应让数学学习成为学生认识世界、改造世界、提升自我能力和精神境界的阶梯。就学习情境和学习方式而言，就像游泳，只能在实践中去学。《2017版课标》提出的"三会""四能"和"六大数学关键能力"是作为学生预期学习结果的课程目标，而获得这些结果和达到这些目标，则需要学生在学习过程与学习方式方面做到"三用"（即用数学眼光观察世界、用数学思维思考世界、用数学语言表达世界）、"四从"（即从数学角度发现和提出问题、分析和解析问题），运用"六大数学研究方式"（即数学抽象、逻辑推理、数学建模、直观想象、数学运算、数据分析）。数学教学应高度关注作为"三会""四能"和"六大数学关键能力"形成过程、形成方式、形成机制的"三用""四从"和"六大数学研究方式"。

三、素养为本的高中数学教学目标的设计

素养为本的高中数学教学目标的设计除了应考虑数学内容的特点、学生的实际，以及教学目标的整体性、层次性与差异性外，还应注意以下几点。

（一）应有清晰的数学学科核心素养目标

史蒂芬·R. 柯维（Stephen R. Covey）曾指出："一开始就在头脑中想好结果和目标，这意味着你对自己的目的地有清晰的了解，这意味着你知道自己要去哪里，从而能够更好地知道你现在的位置以及如何走才能保证你一直朝着正确的方向前进。"[7]对学生的发展而言，知识是有待发育的思想种子、智慧种子和美德种子，是学生认识和理解世界、反思和提升自我的一面镜子。[8]"只有当教师不把知识的积累和知识量的扩大视为教学过程的最终目的，而只是当作发展认识和创造力以及喜好钻研的灵活思考能力的一种手段的情况下，才能在教学过程中实现智育。"[5]"'学会数理化，走遍天下都不怕。'现代中国人想走遍天下，自立于世界民族之林，确实需要'学会数理

化',不仅要学会它的技术,还要学会它作为文化的一个方面。"[4] "历史已经证明,而且将继续证明,一种没有相当发达的数学的文化是注定要衰落的,一个不掌握数学作为文化的民族也是注定要衰落的。"[4]数学教师应自觉地、有意识地把启智育人与文化育人作为重要的教学目标,应清楚地认识到数学知识背后所蕴含的核心素养,应"突出数学学科核心素养,充分关注其达成"。

(二) 应预设素养为本的高中数学教学目标达成的途径与方式

不同的教学目标需要不同的实现途径与方式。学生习得知识的深度、广度与他们的学习过程、学习方式有着密切的联系。了解信息离不开传递,获取知识离不开理解,掌握方法离不开应用,形成技能离不开训练,发展能力离不开理解基础上的感悟内化和适当的训练,生成素养离不开"四基"的内化、积淀与凝聚。我们应在教学目标的指引下设计教学过程,在设计教学目标时也应预设教学过程,论证教学目标实现的可能性与可行性。"要深入理解数学核心素养的内涵、价值、表现、水平及其相互联系;要结合特定教学任务,思考相应数学学科核心素养在教学中的孕育点、生长点;要注意数学核心素养与具体教学内容的关联;要关注数学核心素养目标在教学中的可实现性,研究其融入教学内容和教学过程的具体方式及载体。"应"克服单一的知识训练,引导学生通过知识理解,建立学科的基本思想、基本态度,丰富对新知识的意义增值";应"挖掘知识所凝结的思想要素、智慧成分和德性涵养"[9],使之成为学生成长的阶梯。更进一步,我们不仅应通过数学抽象来培育和发展学生的数学抽象素养,还应按照数学抽象素养的生成过程与生成机制来培育和发展学生的数学抽象素养[9]。数学运算素养[10]、直观想象素养[11]等的培育与发展也一样。

(三) 应预设与素养为本的高中数学教学目标相一致的学业评价

"我们习惯上总是考虑教什么和如何教,但现在我们必须挑战自我,首先关注预期学习结果,这样才有可能产生合适的教学行为。""逆向设计会使预期结果、关键表现以及教与学的体验之间产生更大的一致性,从而使学生有更好的表现。"[7]为了提高素养为本的数学教学目标的达成度,教师应预设如何评估目标的达成,如何为教学目标的达成寻找可靠的证据;应分解、转化素养为本的数学教学目标，使其变得具体、可操作；应明晰这些教学目标达成的可靠证据是什么，以及如何检测教学目标的达成程度；应指导和帮助学生改进自我评价、自我反思、自我矫正和自我弥补知识与能力的缺陷；应反思所设计的教学内容、教学过程、教学方式方法是否足以支持这些目标的达成。

四、素养为本的高中数学教学目标的表达

（一）教学目标的表达应指向学生的变化

教学目标是预期的学生心理与行为的变化，它的主体是学生，是学生通过学习以后能够怎样、会做什么；而"使学生掌握……""培养学生……"的主体则是教师，阐述的是教师的愿望与行为。教学过程和教学任务都不同于教学目标，教学目标的表达需要注意教师活动与学生活动、教学过程与教学目标、学习活动与学习目标的区别。

（二）素养为本的教学目标的表达应尽可能情境化、路径化、操作化

由于数学学科核心素养总是与一定的情境联系在一起，并且教学目标的达成离不开一定的教学过程与学生活动；更由于素养的生成远非几节课、几个单元能够完成的，因此素养为本的教学目标的表达应尽可能情境化、路径化、操作化，应注意与具体内容相结合，与生成情境、生成过程、生成方式相结合。如，"函数的奇偶性"的教学目标可表达如下：学生在观察函数 $y=x$，$y=x^2$，$y=x^3$，$y=|x|$ 等图象的过程中能感知这些图象的对称性；能从形与数两方面探究这些函数，明确它们图象的特点与表达式的特点，感受形与数内在的一致性；能通过归纳、抽象等方式理解和建构奇函数、偶函数的概念；能感受这两个概念建构过程蕴含的直观想象、数形结合、数学抽象、数学建模等思维方法，积累相应的数学活动经验。

（三）宜用不同的言语表达不同类型的教学目标

教学目标的表达应力求准确、规范，既不夸大、拔高，也不窄化、矮化；应注意用不同的言语表达"四基""四能""六大数学关键能力"和个性品质等不同类型的教学目标。如，"计数原理"单元的教学目标可表达如下：学生在教师创设的情境中，感受、经历计数问题的发现与提出过程；在教师的指

导下，借助分析、归纳、抽象，自主探索发现分类加法计数原理、分步乘法计数原理；能用自己的语言表达这两个原理的实质、要点与运用注意点，以及"完成一件事""分类""分步"等术语的含义，说出这两个原理的联系与区别；能根据问题的特征选择相应的原理，并运用它们分析和解决一些简单的实际计数问题和较复杂的计数问题；能积累数学计数活动的经验；能享受思考与探索的乐趣；能感受和欣赏这两个原理所蕴含的工具价值、思维价值和理性精神。

素养为本的数学教学目标应在明确其生成途径与生成机制的基础上，设计好、表达好，进而使其真正成为教学过程设计、教学评价设计的指南。

参考文献：

[1] 郭元祥. 知识的属性及其价值实现［J］. 湖南教育（D 版），2018（6）：4-6.

[2]［俄］A. D. 亚历山大洛夫，等. 数学：它的内容、方法和意义（第一卷）［M］. 孙小礼，赵孟养，裘光明，等，译. 北京：科学出版社，2001.

[3]［美］R·柯朗，H·罗宾. 什么是数学：对思想和方法的基本研究（中文版第三版）［M］. 左平，张饴慈，译. 上海：复旦大学出版社，2012.

[4] 齐民友. 数学与文化［M］. 大连：大连理工大学出版社，2008.

[5]［苏］B. A. 苏霍姆林斯基. 帕夫雷什中学［M］. 赵玮，王义高，蔡兴文，等，译. 北京：教育科学出版社，1983.

[6] 吴作乐，吴秉翰. 你没看过的数学（第 3 版）［M］. 台北：五南图书出版公司，2018.

[7]［美］格兰特·威金斯，杰伊·麦克泰格. 追求理解的教学设计（第二版）［M］. 闫寒冰，等，译. 上海：华东师范大学出版社，2017.

[8] 郭元祥，吴宏. 论课程知识的本质属性及其教学表达［J］. 课程·教材·教法，2018（8）：43-49.

[9] 李昌官. 数学抽象及其教学［J］. 数学教育学报，2017，26（4）：61-64.

[10] 李昌官. 数学运算素养及其培养［J］. 数学通讯，2019（9）：1-5.

[11] 李昌官. 直观想象视角下的 2019 年高考数学试题研究［J］. 基础教育课程，2019（8）：25-33.

高中数学核心素养研究述评

李 祎[①]

一、高中数学核心素养的研究背景

中华人民共和国成立后，我国教育界历次修订的教学大纲或课程标准中，对于高中数学课程核心目标的描述，除"双基"这一恒定不变的目标之外，在数学能力方面，长期流行的提法是"三大能力"，如1963年《全日制中学数学教学大纲（草案）》中明确提出了数学运算能力、逻辑思维能力和空间想象能力。在此之后，教学大纲历经数次变革，但培养数学的"三大能力"这一根本目标始终没有动摇。2003年颁布的《普通高中数学课程标准（实验）》中，将"三大能力"发展为空间想象、抽象概括、推理论证、运算求解、数据处理等五大能力，并进一步提出"提高数学提出、分析和解决问题的能力，数学表达和交流的能力，发展独立获取数学知识的能力"。该表述尽管没有明确提出"数学核心素养"这一概念，但不难发现，其内涵与现今的数学学科核心素养已非常接近。

为了适应快速变迁且复杂多元的时代需求，近年来许多发达国家包括经济合作与发展组织（OECD）成员国等，都开始重新寻找未来社会基础教育的DNA，我国所倡导的"核心素养"正是顺应这一改革和发展趋势而提出的。2014年，教育部在《关于全面深化课程改革 落实立德树人根本任务的意见》（以下简称《意见》）中提出："将组织研究提出各学段学生发展核心素养体系，明确学生应具备的适应终身发展和社会发展需要的必备品格和关键能力……并依据总体框架研制不同教育阶段学生核心素养的结构模型，进一步形成可操作、可测量、可评价的指标体系。"在2018年正式出版的《普通高中数学课程标准（2017年版）》（以下简称"新课标"）中，明确提出数学抽

[①] 李祎，福建师范大学数学与信息学院教授，博士生导师。

象、逻辑推理、数学建模、数学运算、直观想象、数据分析等六大数学学科核心素养,并分别阐述了它们的内涵、价值、目标,将其划分为三个水平层次。新课标中的数学学科核心素养作为国家对数学教育的顶层设计,在课程改革纵深发展中起着"方向标"的作用。

二、高中数学核心素养的研究现状

(一) 研究现状综述

以"核心素养"为关键词在 CNKI 数据库中进行篇名检索,不难发现,在 2013 年之前鲜有这方面的研究文献。自 2014 年教育部颁布纲领性文件《关于全面深化课程改革 落实立德树人根本任务的意见》之后,关于核心素养及数学学科核心素养的研究及成果才骤然增多,这表明对核心素养的研究已引起人们的极大关注。仔细梳理相关研究文献,很容易发现,目前关于高中数学学科核心素养的研究主要集中在以下五个方面。

1. 关于数学学科核心素养内涵与特征的研究

关于核心素养内涵的界定,不同学者具有不同认识。钟启泉先生认为,核心素养是指学生借助学校教育所形成的解决问题的素养与能力,是作为客体侧面的教育内容与作为主体侧面的学习者关键能力的统一体而表现出来的[1];林崇德教授对"核心素养"的界定是:"核心素养是学生在接受相应学段的教育过程中,逐步形成的适应个人终身发展和社会发展需要的必备品格与关键能力"[2];张华教授则认为,核心素养是人们解决复杂问题和适应不可预测情境的高级能力和人性能力。

对于数学学科核心素养,史宁中教授认为,数学学科核心素养就是让学生学会用数学的眼光观察世界,用数学的思维分析世界,用数学的语言表达世界;张奠宙教授认为,数学学科核心素养有"真、善、美"三个维度;涂荣豹教授则从测量学的角度对数学学科核心素养做出了界定。此外,马云鹏、孔凡哲、王子兴等教授也均对数学学科核心素养给出了自己的认识。新课标则指出,数学学科核心素养是课程目标的集中体现,是具有数学基本特征的思维品质、关键能力以及情感、态度与价值观的综合体现……高中数学学科核心素养包括数学抽象、逻辑推理、数学建模、直观想象、数学运算、数据分析六个方面。

虽然国内学者从不同角度对核心素养的内涵做了分析，但都提出了共同点：核心素养是以人的发展为终极目标，包含相关的知识、能力、思想等内容。然而，对于核心素养和数学学科核心素养关系的认识，目前国内学者的观点中存在一些分歧：一种观点认为，"核心素养"是"所有各个学科核心素养的交集"，强调基于学科特征提出核心素养；另一种观点则强调核心素养的跨学科统整性，积极提倡各个传统学科的综合。可见学术界对这个问题还没有形成共识，甚至有人认为该不该提"数学学科核心素养"仍是一个需要讨论的问题。

对于核心素养或数学学科核心素养的特征，有学者认为具有阶段性与持续性、抽象性与情境性、综合性与习得性等特征；[3]有学者认为具有关键性和普遍性、广泛性和融合性、个体性和生长性等特征；有学者认为具有三维性（意识、能力和价值观）、内化性、可传授性等特征。根据国内外对学科核心素养的研究，有学者提炼、总结出了数学学科核心素养的三个特征，即综合性、阶段性和持久性，[4]这一观点目前得到了人们的普遍接受和认可。

2. 关于数学学科核心素养评价体系的研究

目前对于数学学科核心素养评价体系的研究，主要集中在义务教育阶段。基于《义务教育数学课程标准（2011年版）》给出的十个核心词，有学者构建了一个数学学科核心素养评价指标体系；有学者基于核心素养的特征，结合数学学科的本质，通过与数学素养的比较，对小学数学学科核心素养体系的框架进行建构。前者是基于史宁中教授提出的数学基本思想（抽象、推理、模型）构建的，认为数学基本思想（抽象、推理、模型）是高层级的数学学科核心素养，数学基本能力（运算能力、直观想象能力、数据分析能力）是次层级的数学学科核心素养；后者基于PISA2012的视角，对其提出的八大能力进行了梳理和整合，形成小学阶段学生所需的六个数学核心素养，即数学交流、数学推理、运算能力、空间观念、数据分析能力、数学建模。

对于高中数学学科核心素养评价体系的研究，新课标给出了六大数学学科核心素养的内涵与具体表现，并把每个数学学科核心素养分为三个水平，分别对应必修课程结束、选择性必修课程结束和选修课程结束，每个数学学科核心素养又都通过四个方面来描述，即情境与问题、知识与技能、思维与表达、交流与反思。对于每个具体数学学科核心素养测评的精细化研究，目前比较少见。偶见专门针对每个具体数学学科核心素养的研究论文，如陈娜萍对于数据素养现状调查的研究中曾建立起了一个数据素养评价的指标结构体系，杨开凤对于几何直观能力培养策略的研究中曾给出了几何直观能力的等级划分水平等，但这些研究都是针对初中数学而展开的，对于高中数学能否直接运用或应如何参考和借鉴，值得进一步思考和研究。

3. 关于数学学科核心素养课程实现的研究

顾明远先生认为，核心素养是课程改革的原动力，为发展学生的核心素养，课程改革方面要进行以下三方面的努力：第一，将身心健康放在课程目标的首位；第二，课程教学要培养学生终身学习的能力；第三，课程内容及实施要为学生走向社会打下基础。对于核心素养与课程体系的相互关系，目前国际上呈现出三种模式：核心素养独立于课程体系之外的美国模式，在课程体系中设置核心素养的芬兰模式，以及通过课程标准内容设置体现核心素养的日本模式。[5]石鸥先生认为，核心素养为课程内容的确定提供了重要依据，学生核心素养的培养呼唤基于核心素养的教科书。

基于数学学科核心素养设计数学课程已成为数学教育的共识，国外数学教育相对领先的国家，如澳大利亚、新加坡、美国、芬兰、英国等国纷纷开展基于数学学科核心素养的数学课程改革研究。目前国内对于高中数学学科核心素养如何在课程中实现的研究仍旧不足。王尚志教授认为，基于数学学科核心素养的数学课程要突出三件事：一是符合数学规律并结构清晰；二是突出数学本质；三是便于转化为数学学科核心素养。章建跃先生认为，提升教育性、科学性、心理性和专业性是教材改革与创新的四个永恒主题，也是落实数学学科核心素养的关键点。为了落实数学学科核心素养，他进一步建议应在两个方面做出努力：一是结合数学课程内容解读核心素养，编制"高中学生数学学科核心素养指标表现水平双向细目表"，从而把核心素养转化为与数学教学内容紧密结合的教学目标；二是给出落实数学学科核心素养的操作指南。[6]这一建议为我们的后续研究提供了重要参考和方向性指南。

4. 关于数学学科核心素养培养策略的研究

为提升学生的数学学科核心素养，从教学资源开发、教学模式创新、教学方法改进、教学评价优化、教师素质提升、数学文化打造等不同角度出发，不同学者给出了不同的建议和做法。这些有关培养策略的建议，除个别具有较强的针对性之外，更多的建议缺乏新意，或是较为宏观、笼统和概括。这些研究起步时间不长，但似乎已产生"高原现象"，缺乏突破和创新，因而急需通过行动研究等方式，围绕数学学科核心素养寻求可操作的教学策略。

(二) 研究现状评点

目前国内对于高中数学学科核心素养的研究较为薄弱，并主要存在以下几方面的问题。

一是"偏化"现象。主要体现为：间接的相关研究多（即研究数学能力、三维目标等），"正面"研究少（即专门以高中数学学科核心素养作为研究对象）；理论层面的研究多，实践层面的研究少；"共性"研究多，结合数学学科的"个性"研究少；针对小学数学教学的研究多，面向中学数学教学的研究少。

二是"窄化"现象。主要表现为：研究内容较为狭窄，研究视野不够宽广，未能从与此相关的其他视角进行深入探索和研究；研究手段较为单一，已有研究大多采用的是理论分析法与思辨式研究，缺乏调查实证研究、典型案例分析或课堂行动研究。

三是"浅化"现象。具体表现为：理论层面的研究，大多是对国家文件精神的解读，或是对相关概念的简单罗列和对比，或是对数学学科核心素养重要性的"泛力"倡导，或是对中外既有事实的梳理和呈现；实践层面的探索，多是"观点＋案例"式的研究，或是泛泛而谈的经验总结等。

三、有待进一步研究的若干问题

基于此，笔者认为应将理论问题研究与实际问题研究相结合，将演绎式的思辨研究与实证性研究和扎根实践的行动研究相结合，对高中数学学科核心素养的内涵特征、层次结构、形成机制、测量评价、培养策略等展开全面深入的研究。具体而言，研究应主要围绕以下三个方面来展开。

（一）高中数学学科核心素养的内涵与特征研究

目前人们对于高中数学学科核心素养的内涵与特征的认识仍比较模糊，有待通过进一步的深入研究来进行澄清。比如，核心素养与素质、核心知识、核心能力等有何异同？现今对于核心素养的提倡与一般意义上的素质教育有什么区别与联系？"以素养发展为核心的教育"与新一轮课改中对于"三维目标"的提倡究竟又有什么不同或新的变化？数学学科核心素养的要素是什么？各要素之间具有怎样的关系？数学对于学生的整体发展，特别是"核心素养"的培养，究竟能够做出怎样的贡献？数学学科核心素养是否体现出"中国学生发展核心素养"框架的要求？是如何体现的？数学学科核心素养与数学"四基"究竟是怎样的关系？小学生、初中生的数学学科核心素养分别是什么？它们与义务教育数学课程标准中的十大核心概念是什么关系？高中数学学科核心素养的特殊性又体现在哪里？等等。

（二）高中数学学科核心素养的测量与评价研究

为有效落实高中数学学科核心素养，必须建立起新的数学学业质量评价标准。从考试评价的角度来看，在基于数学学科核心素养发展的教学改革中，应着力研制数学学科核心素养质量测评标准，开发评价工具和手段，探索有效的评价方式；应根据学生发展数学学科核心素养，建立从知识向能力、从能力向素养不断提升的发展水平等级标准，借以对学生发展数学学科核心素养进行深入观察、等级评估，实现对教学行为的有效反馈与指导，引导教师从知识教育走向能力教育，进而走向数学学科核心素养教育。

具体而言，笔者认为要重点研究和解决以下两大问题：一是以六大高中数学学科核心素养为架构，以具体层级指标划分为支脉，构建高中生数学学科核心素养的测评框架和思路，形成可操作、可测量、可评价的指标体系；二是给出数学学科核心素养水平划分依据及测评样题，明确学生学业发展的阶段性特征和需求，并按学段编制评估学生数学学科核心素养发展的量表。相应地就有一系列问题有待深入研究。比如，传统的结构化试题能否满足评价的需求？纸笔测验能否完全胜任评价的任务？数学评价试题在题型、立意、考点等方面应具有怎样的特点？等等。

此外，围绕测量与评价问题，还可以从其他角度展开研究。比如，开展

"基于核心素养的中外数学试题的比较研究"：通过对中国高考数学试题、高校自主招生数学试题与国外高校入学数学试题的对比研究，结合对国际知名的 PISA、TIMSS 和 NAEP 等数学测试框架及题目特征的分析，探寻在选拔性考试中如何科学地测查学生的数学学科核心素养，进一步完善高中生数学学科核心素养评价结构模型。又如，开展我国高中生数学学科核心素养的现状调查研究，通过对不同类别学校、不同学段学生的数学学科核心素养的调查研究，分析影响学生数学学科核心素养发展的因素等。

（三）高中数学学科核心素养的培养和发展研究

课程教材和课堂教学是落实高中数学学科核心素养的主渠道，为此，高中数学学科核心素养的培养和发展研究主要应围绕以下两个方面来展开。

1. 基于学科核心素养的高中数学课程教材研究

首先，基于学科核心素养的数学课程教材建设，要从以学科知识体系为重转变为以学生学科核心素养为重，这种转变意味着会引起课程目标、课程内容、课程实施、课程评价等课程体系诸要素的变化。于是，一系列问题有待深入研究，比如新课标中的课程目标是否是对数学学科核心素养的细化，二者是否具有内在一致性？课程内容标准是否与数学学科核心素养相匹配？教材编写应怎样落实数学学科核心素养的目标和要求？

其次，基于学生数学学科核心素养的课程建设，必须做好初高中数学课程的衔接，必须突出课程的整体性和综合性，突出各领域知识的连贯性和系统性，突出知识的结构性和逻辑性。为此，如何通过课程的纵向衔接明确数学学科核心素养的阶段性目标，如何通过课程的横向统整实现课程的整体育人功能，这些都需要通过深入研究进行顶层设计。

最后，应做好基于数学学科核心素养的课程资源开发研究。数学学科核心素养的培养，必须基于教材，但又要高于教材。为此，如何通过对课程资源的开发来培养数学学科核心素养，是必须要研究和解决的重要问题。比如，如何对显性教材内容背后的隐性教学资源进行深入挖掘，如何围绕教材内容对教学资源进行拓展和延伸等，都是值得深入研究的重要课题。

2. 基于学科核心素养的高中数学课堂教学研究

高中数学学科核心素养培养的主战场是课堂。为此，应从高中数学学科核心素养的视角出发,通过对典型的数学课堂教学案例进行分析和研究,概括出优秀数学课堂教学的特征,归纳总结出一些教学策略和教学原则,并通过行动研究进行检验和改进;应从六大高中数学学科核心素养入手,对高中数学教材内容进行分析,着力探究涉及的学科核心素养最为丰富全面的部分,遴选出高中数学教材中相对重要的教学内容,并通过深度学习的方式进行教学行动研究,以考查教学效果,并概括出一般性教学策略。还可从其他视角出发对数学学科核心素养的培养展开研究,如,对高中生常见的各种数学解题错误进行分析,寻找学生发生各类错误的根本原因,在此基础上探讨数学知识、数学能力、数学方法等与数学学科核心素养的关系,进而给出相应的教学对策和学习建议。

参考文献:

[1] 钟启泉. 核心素养的"核心"在哪里——核心素养研究的构图[N]. 中国教育报, 2015-04-01.

[2] 林崇德. 21世纪学生发展核心素养研究[M]. 北京:北京师范大学出版社, 2016:29.

[3] 朱立明. 基于深化课程改革的数学核心素养体系构建[J]. 中国教育学刊, 2016(5):76-80.

[4] 马云鹏. 关于数学核心素养的几个问题[J]. 课程·教材·教法, 2015(9):36-39.

[5] 辛涛, 姜宇, 王烨辉. 基于学生核心素养的课程体系建构[J]. 北京师范大学学报(社会科学版), 2014(1):5-11.

[6] 章建跃. 高中数学教材落实核心素养的几点思考[J]. 课程·教材·教法, 2016, 36(7):44-49.

探寻数学建模素养落地生根的有效路径

孔志文[①]　白雪峰[②]

《普通高中数学课程标准（2017年版）》（以下简称"课标"）中指出：数学建模是对现实问题进行抽象，用数学语言表达问题、用数学方法构建模型解决问题的素养。数学建模素养是数学学科六大核心素养之一，基于数学建模活动有效培养学生发现问题、提出问题、分析问题、建立模型、确定参数、计算求解、验证结果、改进模型，最终解决实际问题的能力，是发展学生数学建模素养、提升数学解决问题能力的重要途径。下面，笔者基于教学实践与同行分享这方面的经验，希望引发大家的思考。

一、优化情境设置，强化模型基本思想

数学模型搭建了数学与外部世界联系的桥梁，是数学应用的重要形式。课标明确要求"通过高中数学课程的学习，让学生认识数学的应用价值，学会用数学模型解决实际问题，积累数学实践的经验"。在数学建模活动中，关键而基础的一环是对现实问题进行数学抽象，也就是要培养学生基于现实世界中的问题情境，能够从数学的视角对问题情境进行数学抽象，利用数学语言表达问题，利用数学知识和数学思想方法构建数学模型，转化形成并提炼概括出数学问题。可以说，情境与问题是数学建模活动的灵魂，将现实问题数学化是学生发展数学建模素养的第一步。作为教师，要勤于收集整理现实问题情境，在日常教学中要善于优化情境设置，通过精心设计，将现实情境数学化，强化学生的模型基本思想。

（一）注重语义转译

【例1】甲、乙两艘轮船从A地向B地航行，由于两地距离较远，都需要

[①] 孔志文，北京市朝阳外国语学校教师，北京市骨干教师。
[②] 白雪峰，北京教育学院朝阳分院教师，北京市特级教师。

在 T 码头（只有一个泊位）停靠补给。假定它们在一昼夜的时间段中随机到达，如果轮船甲补给需要泊位停靠的时间为 1 小时，轮船乙需要的时间为 2 小时，求甲、乙两艘轮船中的任意一艘都不需要等待就能直接泊位停靠的概率。（结果保留三位小数）

【评析】

此题现实背景厚重，数学味道浓郁。解决问题的关键在于学生能否将实际问题进行数学化处理。也就是说，如果把两船到达 T 码头的时间看成两个不同的变量，通过对两船停靠时间的正确转译，就可以从数学的角度找到两船到达时刻之间的数量关系，进而把上述问题中要求的概率问题转化为二维的几何概型问题，最终使实际问题得到解决。

事实上，假设甲、乙两艘船到达码头的时刻分别为 x 与 y，容易得到条件 $0 \leq x \leq 24$，$0 \leq y \leq 24$。

如果设事件 A 为"甲、乙两艘轮船中的任意一艘都不需要等待就能直接泊位停靠 T 码头"，根据已知，要使两船都不需要等待就能直接泊位停靠，当且仅当甲比乙早到达 1 小时以上或乙比甲早到达 2 小时以上，也就是 $y - x \geq 1$ 或 $x - y \geq 2$。

故所求事件构成集合 $A = \{(x, y) \mid y - x \geq 1 \text{ 或 } x - y \geq 2, 0 \leq x, y \leq 24\}$。

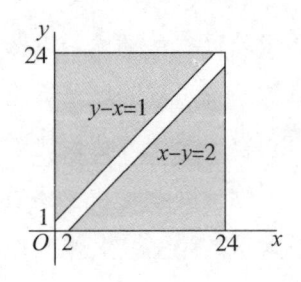

图 1

其中 A 为图中阴影部分（图 1），全部结果构成集合 Ω 为边长是 24 的正方形及其内部。故所求概率为：

$$P(A) = \frac{S(A)}{S(\Omega)} = \frac{\frac{1}{2} \times 22^2 + \frac{1}{2} \times 23^2}{24^2} = \frac{1013}{1152} \approx 0.879$$

（二）注重追根溯源

思维的起点是问题，在问题意识的引导下，学生的数学学习更容易跳出固有模式的束缚。在发展学生数学建模素养的过程中，即使遇到难度较大的问题，只要教师通过深入思考将其加以改编或拓展，并在教与学的双向互动中有意识地指导学生学会在数学问题的发现和提出过程中感悟思想、理解本质，在数学问题的分析与解答过程中追根溯源、拓宽思路，在数学问题的回顾与反思过程中发展思维、获得经验，就不难提高学生将问题数学化的能力。

【例2】证明等式：

$C_{2n}^n = (C_n^0)^2 + (C_n^1)^2 + (C_n^2)^2 + \cdots (C_n^n)^2$。

【评析】

实际上，本题是对组合数概念的考查，如果能回归到组合数的定义，构造一个学生熟悉的真实情境，结合分类加法计数原理，此恒等式的证明将很容易，对于学生学习高中计数问题大有裨益。为证明此等式，教师可以引导学生构造如下模型。

已知一堆产品共有 $2n$（n 为正整数）件，其中次品和正品各 n 件。如果从这堆产品中取出 n 件，那么一共有 C_{2n}^n 种取法。

换个角度看，把取出的 n 件产品按照正品和次品进行分类，分别是 0 件正品、n 件次品，1 件正品、$n-1$ 件次品，2 件正品、$n-2$ 件次品，……，n 件正品、0 件次品。因此，$C_{2n}^n = C_n^0 C_n^n + C_n^1 C_n^{n-1} + C_n^2 C_n^{n-2} + \cdots C_n^n C_n^0$。

又 $C_n^{n-k} = C_n^k$（$k = 0, 1, 2, \cdots, n$），所以 $C_{2n}^n = (C_n^0)^2 + (C_n^1)^2 + (C_n^2)^2 + \cdots (C_n^n)^2$。

这是关于组合数的一个恒等式的证明问题，如果利用组合数公式进行证明，计算量会比较大，而且未必能得出正确结果。究其原因，是学生对模型化思想的认识和理解还不到位，不能灵活构造模型，利用模型解决问题。笔者认为，模型化思想是计数问题中非常重要的思想，也是解决计数问题的有效手段。

从上述两个教学实例中可以看出，教师应树立发展学生数学建模素养的意识。在教学中，精心设计并不断优化情境设置，不仅要重视正向思维的培养，也要重视逆向思维的培养，通过语义转换训练，提高学生将现实情境数学化的能力，深化学生对模型这一基本数学思想的理解；通过引导学生对问题追根溯源，促进他们理解问题的数学本质。

二、应用信息技术，提高模型求解能力

在数学建模过程中，实际问题抽象成数学问题后，可用信息和数据量一般都很大，计算量和计算难度大幅增加，因此对学生来说，模型的求解常常既是一个难点，也是一个挑战。在问题解决的过程中，信息技术（如图形计算器、数学软件等）的使用是非常必要的，教师需要充分发挥信息技术的辅助作用，引导学生多角度、多层次地研究问题，为发展学生的创新思维提供技术支持和平台保障。因此，合理借助一些硬件或软件处理计算等问题，不仅能达到事半功倍的效果，还可以增强学生数学建模的信心和能力。

【例3】某地区不同身高的未成年男性的体重平均值如下表。[1]

身高/cm	60	70	80	90	100	110	120	130	140	150	160	170
体重/kg	6.13	7.90	9.90	12.15	15.02	17.50	20.92	26.86	31.11	38.85	47.25	55.05

根据上表提供的数据，能否建立恰当的函数模型，使它能比较近似地反映这个地区未成年男性体重 y（单位：kg）与身高 x（单位：cm）的函数关系？试写出这个函数模型的解析式。

【评析】

（一）用 MATLAB 辅助计算

本例中如果选择二次函数模型，通过三个点（70，7.90），（90，12.15），（160，47.25）确定二次函数 $y = ax^2 + bx + c$（$a \neq 0$）的解析式的计算非常不易，很难计算出正确的结果。但是如果用 MATLAB 解方程组，就能即刻算出正确结果，会大大提高解模效率。

代码及结果如下：

＞＞A = [4900, 70, 1; 8100, 90, 1; 25600, 160, 1]; B = [7.9; 12.15; 47.25];

＞＞X = A \ B

X = 0.0032

−0.3012

13.2500

其中 $a = 0.0032$，$b = -0.3012$，$c = 13.25$。

（二）用 EXCEL 进行拟合

本例也可以通过 EXCEL 软件，将相关数据绘成散点图（图2）。软件可以快速求出拟合函数的解析式并算出相关系数，根据相关系数判断拟合函数的拟合效果，能帮助我们快速选择较优模型，而模型的选择往往是数学建模过程中比较困难的一件事情（本例结果也可以选择一次函数、指数函数拟合）。

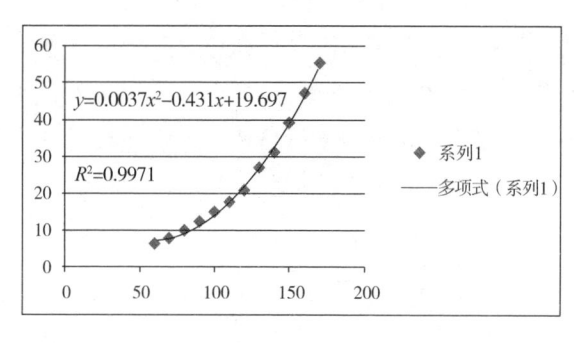

图中显示拟合曲线方程为 $y = 0.0037x^2 - 0.431x + 19.697$，$R^2 = 0.9971$。

图2

本模型为拟合函数模型，对于学生来说解题难度较大。这里需要求解出拟合函数，并将求出的函数图象与散点进行拟合，来判断求出的函数是否符合条件。其中，如何求解函数解析式是个难点，这是因为实际数据都不太好运算，此时如果能够借助数学软件（如 MATLAB）进行辅助计算，效果将大不一样。另外，判断所求出函数的拟合效果也非易事，如果能够借助 EXCEL 软件进行拟合，算出相关系数，则很容易定量判断拟合函数的拟合效果，从而做出正确选择。

三、经历完整建模过程，发展数学建模素养

数学建模教学活动是有别于其他数学知识的教学，具有研究性学习的特点，需要学生经历完整的建模过程，如此才能获得真实而有意义的学习体验。其中包括"思考问题""体验数学化""表达思考""求解问题""反思评价"

等学习过程。在教学过程中,教师要通过合理设计学习活动,积极引导学生开展阅读自学、合作探究、思考讨论、展示交流等多种学习活动,不仅要关注学生"四基"的应用,更要关注学生"四能"的发展。

【例4】数学建模实践《函数模型的应用举例》。[2]

基于例3,笔者设计了问题2:若体重超过相同身高男性体重平均值的1.2倍为偏胖,低于0.8倍为偏瘦,那么这个地区一名身高为175 cm、体重为78 kg的在校男生的体重是否正常?

【评析】

上述两个问题构成了一个完整的数学建模学习过程,有利于学生从熟悉的问题情境出发开展研究性学习,能更好地激发学生的探究欲望。这样的设计也可以提高学生问题解决的挑战性,有利于学生在小组合作学习的基础上完成学习研究任务。为了达成上述学习目标,笔者系统设计了学习活动,研制了研究任务单,以期帮助学生深刻体验数学建模的全过程。具体如下所示。

活动一 提出问题,明确路径

【任务1】独立探索。根据表中数据,学生独立研究"男性体重和身高"的函数关系。

【任务2】小组交流。与同小组同学的结果进行比较,体重和身高的函数关系是否相同?如果不同,答案是否唯一?

【任务3】全班分享。各组安排一位代表阐述本组想法、做法。

【设计意图】基于问题明确研究任务、明晰研究方式是指导学生开展数学建模学习的基础。为此,笔者设计了研究任务单,引导学生分组完成研究任务。同时,为了充分发挥信息技术辅助学习的作用,提高学习效果,本节课安排在计算机机房,引领学生经历模型建立、求解、选择和应用的全过程。

活动二 实验操作,数学猜想

【任务4】画图研究。请同学们在平面直角坐标系中画出散点图。

【设计意图】本活动旨在引导学生通过动手画出散点图,为模型的建立和选择做好思维准备。

【任务5】数学猜想。请同学们根据自己画出的散点图进行猜想:你认为我们学过的哪一类函数的图象与之比较接近?求出其解析式。

【设计意图】本活动旨在指导学生合理调用已有认知。学生根据散点图的趋势，从已经学过的常见函数中选择适当的函数进行拟合，此研究过程运用了合情猜想，展现了直观想象能力。

活动三　模型检验，优化改进

【任务6】画图判断。各小组派代表将本组求出的函数图象与散点图在同一个坐标系中作出来，判断求出的函数是否满足题意，阐明判断依据。

【设计意图】活动三是本节课的核心，教学重点和难点都需要通过这一活动进行突破。小组代表发言、讨论交流、质疑评价，生生思维碰撞产生互动，教师适切点评，可以有效指导学生掌握建立和求解函数模型的方法及检验模型优劣的基本方法。

【任务7】深入研讨。如果同小组中拟合函数选择的是同类型函数，但解析式不同，请分别在不同坐标系中作出求得的不同拟合函数图象，并讨论哪个拟合函数更好。

【设计意图】模型优化活动，需要借助信息技术支持学生做出正确判断。这样做，一方面让学生意识到数学软件对数学建模的重要作用，另一方面也可以增强学生的模型优化意识。

活动四　应用模型，强化认识

【任务8】合理判断。应用求出的模型判断该在校男生的体重是否正常。

【设计意图】建模学习的最终目的是解决实际问题，是展现学生精准运用数学语言表达现实世界的重要环节。本活动旨在进一步增强学生对"数学和现实"关联性的感悟，提高数学语言表达能力。

学生在四大活动、八项任务的指引下，如同置身于"数学实验室"，基于合作学习的方式，主动建构数学模型；利用信息技术开展问题研究和数学学习，以几何画板为探究工具，借助网络应用数学语言，亲历画散点图、选择模型、求解模型、修正模型、应用模型的全过程。在问题解决过程中，学生主动应用数学语言表达现实世界，积累数学建模活动经验，发展数学建模核心素养。

素养的培养是一项长期意义的数学建模的活动经验。艰巨的工作不能一蹴而就，而要循序渐进、持续推动，发展学生的数学建模素养更是如此。作为高中数学教师,一方面,我们要意识到数学建模在数学教育中的育人功能和重要价值,将数学建模的教学贯穿于高中数学教育教学的全过程;另一方面,我们还要勤于实践、善于总结,不断提炼出具体可行的培养措施。此外,我们还要善于为学生创造经历真实建模过程的机会,指导他们经历选题、开题、做题、答题的数学建模活动过程,并将建模过程记录下来,学会撰写开题和结题报告,从而帮助他们积累鲜活而有意义的数学建模的活动经验。

参考文献:

[1] 人民教育出版社课程教材研究所,中学数学课程教材研究开发中心. 普通高中教科书·数学(A版)必修1 [M]. 北京:人民教育出版社,2007.

[2] 孔志文,王文英. 3.2.2 函数模型的应用实例(第二课时)说课稿 [J]. 中学数学杂志,2019(3):21-24.

第二节　高中数学教学方式新探索

指向高中数学核心素养的教学特点
——对均值定理教学片段的分析与改进

李大永[1]　胡凤娟[2]

《普通高中数学课程标准（2017年版）》（以下简称"新课标"）的重要变化之一是凝练了数学学科核心素养，数学学科核心素养成为高中数学课程目标的重要组成部分。数学学科核心素养是具有数学基本特征的思维品质、关键能力以及情感、态度与价值观的综合体现，是在数学学习和应用的过程中逐步形成和发展的。如何在课堂教学中落实数学核心素养成为一个广大教师普遍关注的现实问题[1]，大家都感觉缺少可以指引自己教学的实践之策。本文基于数学教学中的一个真实课堂片段，深入分析其背后的思维活动，在此基础上，从一线教学研究实践者的角度来探讨如何开展"指向数学核心素养的教学"，希望能够抛砖引玉，引发更多深入的思考与研究。

一、教学片段

（教师带领学生发现并证明了均值不等式之后）

师：这样的不等关系对于不等式的问题来说有什么作用呢？接下来，就需要我们应用这个定理。下面请看例1。（教师播放PPT呈现题目，同时读题）

例1. 已知 $ab>0$，求证：$\dfrac{b}{a}+\dfrac{a}{b}\geq 2$。

师：（走到一个学生旁边）这个题抄完了之后，你看到了什么？

---

[1] 李大永，北京市海淀区教师进修学校，特级教师。
[2] 胡凤娟，首都师范大学教师教育学院，博士。

生1：看到了有两个数互为倒数。

师：还有什么？

生1：$ab>0$。

师：那么你从中能得出什么结论？

生1：$\dfrac{b}{a}>0$，$\dfrac{a}{b}>0$。

师：还有个特点是什么呢？

生1沉默。

师：我想让大家发现这个不等式的特点，它的右边是2，这是个好数（教师回到讲台，引导学生看黑板上的均值不等式），这里也有个2。如果我刚才说的话"这个均值不等式能有什么作用"你领会了，并且要联系均值定理证明这个不等式的话，你会发现这个均值定理里也有什么？也有个2。这个2在哪里？在分母上。题目中2在哪里？在右边，对吧？均值不等式中的这个2能"搬"到右边吗？

生：可以，$a+b \geq 2\sqrt{ab}$。

（教师在黑板上写下来）

师：怎么来的？相信你们都理解，这个不等式和均值不等式在内容上还是一致的，没问题吧？我们再回到这个题目上，再想想，借用均值定理如何证明它呢？（教师看学生没有反应）可以讨论，孩子们。

师：（1分半左右后，一个女生停下笔看向教师）姑娘，我看你好像证明出来了，你来说说，我帮你写。

生2：不等式左边通分，$\dfrac{b}{a}+\dfrac{a}{b}=\dfrac{a^2+b^2}{ab}=\dfrac{(a+b)^2-2ab}{ab}$，因为 $a+b \geq 2\sqrt{ab}$，所以分子$\geq 2ab$，左式≥ 2。

师：能否直接用均值不等式来证明这个结论呢？

生2沉默不语。

师：好吧，孩子请坐。我来说，你们来看可不可以接受。

（教师边讲边板书用均值不等式证明的过程）

注：例1中的问题是人教B版、湘教版、上教版三个版本在学习均值不

等式时共有的例题，可见其重要性。

二、问题提出

从上述课堂片段中可以看到，教师为了帮助学生运用均值不等式完成例 1，做了大量的引导、启发：一方面，引导学生发现不等式 $\frac{b}{a}+\frac{a}{b}\geq 2$ 的特征——左侧是两个互为倒数的正数之和，右侧是常数 2；另一方面，启发学生建立题干中待求证的不等式和均值不等式结构特征的联系，提示"均值定理中也有 2"，且带着学生把均值不等式改造成了 $a+b\geq 2\sqrt{ab}$，这和 $\frac{b}{a}+\frac{a}{b}\geq 2$ 的形式一致。这些行为说明，教师已经在课前充分认识到了该班学生数学基础薄弱的状况，预见学生在完成例 1 时会有困难。但是，从学生的课堂行为来看，教师并没有达成自己的教学预期，学生兜了一个大圈子才使用均值不等式完成证明。

实际上，上述这种教与学的现象是具有普遍性的。那么，问题到底出在哪儿呢？

三、问题分析

在笔者看来，这恰恰是教师对学生核心素养培育落实不足的地方。下面我们将从证明例 1 的思维要素、教师教的行为、学生学的行为[2]三个方面来分析该片段，以期找到问题的原因所在。

（一）证明例 1 的思维要素分析

首先，需要理解均值不等式本身。公式和定理体现了概念的属性或者概念与概念间的关系，反映了某一系统中存在的规律。均值定理反映了由两个正实数构成的系统中，这两个正实数的算术平均值和几何平均值间的数量关系。数学中习惯于用符号语言清晰简洁地表达数学规律，因此引入了两个字母 a、b 来表示这两个正实数，所以 a、b 是具有抽象属性的一般意义的量，泛指任何两个具有正实数属性的量。由此可以看到，a、b 也可以用其他字母代替，也就是说 $\frac{a+b}{2}\geq\sqrt{ab}$ 与 $\frac{m+n}{2}\geq\sqrt{mn}$，$\frac{x+y}{2}\geq\sqrt{xy}$，甚至 $\frac{\Box+\triangle}{2}\geq$

$\sqrt{\square \cdot \triangle}$，没什么本质区别，不过是上述规律的一种形式化表达而已。

其次，需要从结构上理解均值定理的功能与价值。均值定理反映了两个正实数的和与积的大小关系，从不等式的左右顺序看，具有数量转化的功能：从左向右，体现了将和的形式缩小为积的形式；从右到左，体现了将积的形式放大为和的形式。在缩（放）的过程中保持了原有代数式的次数特性。

再次，需要理解待求证的不等式。要能够理解其所表达的是"两个互为倒数关系的正实数的和不小于2"；同时，还要将所隐含的信息"两个互为倒数的实数之积为1"显性化，使其进入大脑的工作记忆中。

此外，需要能够将均值定理和待求证结论联系起来，发现待求证不等式就是均值定理所描述规律中的一个特例。

最后，需要具备基本的推理活动经验：一个一般性的原则（大前提），一个附属于前面大前提的特殊化陈述（小前提），以及由此引申出的特殊化陈述符合一般性原则的结论。这就是最基本的逻辑判断——三段论（不需要学生知道三段论的概念）。

（二）教师教的行为分析

从教学片段中教师的教学行为可以看到，教师希望帮助学生克服问题解决障碍，重心放在了两个方面：一是对待求证不等式结构特征的认识，二是建立待求证结论与均值定理的联系。回顾对例1的思维要素分析就会发现，教师缺少了引导学生深刻理解均值定理内涵及其功能价值的环节，也缺少对运用公式进行推理的已有经验的唤醒。这是造成学生仍然难以克服困难的重要原因。

（三）学生学的行为分析

数学学习离不开解题活动，学生学的效果往往也是通过解题能力来测评的，这很容易导致学生仅关注解题过程中涉及的知识、技能和方法。但这些仅是决定解题成败所需的显见要素，记住的知识和熟练掌握的技能不一定能在恰当的场景被关联调用，熟悉的方法也不一定能被有效迁移运用。这些现象在学生的现实学习中是非常普遍的，足以说明他们还忽视了一些关键性要素。这个关键性要素就是对方法和技能背后的概念性关系的理解，它需要学生通过协同思维来实现，这种概念性理解是实现知识、技能和方法迁移运用的基础。

从教学片段中可以看到，生 2 对均值定理的认识处于无所指的形式化水平，并没有理解均值定理所表达的规律（尽管前面已经经历了用文字语言描述均值定理的环节），因此，生 2 将均值不等式中的字母与待求证不等式中的字母相混淆，认为二者是相同的。所以，她在使用均值定理时采取的行动是先将左边通分并进行配方，凑出含有均值定理的表面形式 $a+b$，才开始使用均值定理。这一学习行为反映出学生缺乏理解和运用公式的基本学习活动经验。实际上，学生在以往的数学学习过程中，并不乏学习公式的经历，但是没有生成应有的学习这类知识的必要经验。这既有教的问题，也有学的问题，但主要是教师教的问题。教师在公式教学中缺少帮助学生总结反思公式学习的经验，甚至教师本人也缺乏对公式学习的基本思维特征的抽象概括的经验。

本教学片段中，教师没有认识到学生在这个方面学习经验的缺失，没有发现学生在均值定理的形成过程中仅关注了公式的推导证明，只是经历了对公式语义的描述，并没有形成对公式形式背后的实质意义（反映的本质规律）的深刻理解。这是在解决例 1 问题时学生遇到障碍的根本原因。

通过对该问题的分析我们发现，教师进行教学设计时需要完整认识和分析所教内容，不仅要关注知识本身，更要关注所教知识的价值以及学生已有的经验，即培养学生核心素养的教学应体现整体性[4]。

四、教学改进——指向学生数学核心素养的提升

均值不等式是高一第一学期第一单元的教学内容。这个时期的学生在经历了初中阶段的学习后，代数思维意识、习惯刚刚起步，有待进一步发展；数学基础薄弱的学生甚至对字母表示数带给数学的变化和意义还缺少基本的认识，对用符号语言所呈现出来的形式化数学规律背后所指的实质意义缺乏理解。此外，对不同类型数学知识的学习理解框架，大多数学生也还没有建立起来。可以看到，这不是单个知识和技能层面的困难，而是系统性层面的困难，因此需要系统化地解决困难。为了克服这个困难，同时帮助学生形成良好的思维习惯，提升数学核心素养，教师需要在高一初始阶段帮助学生积累公式学习的经验和方法、积累代数推理的活动经验、巩固"代换"的方法、

深入理解均值不等式。

第一，积累公式学习的经验和方法。学生在初中阶段，不乏公式的学习经历，也不乏代数问题的处理经历，但他们缺少从这些经历中抽象概括出必要的代数学习与代数问题解决的经验。这是学生进入高中阶段完成进一步数学学习的重要基础，教师在教学中要充分挖掘利用。如果学生的数学基础非常薄弱，可以在等式和不等式单元增加 1 个课时，回顾梳理初中主要代数内容学习的经历，如平方差公式、完全平方公式、判别式等，从中抽象概括出公式学习的要点和方法。

第二，积累代数推理的活动经验。在不等式性质的内容中，除了落实"作差比较大小"这一基本方法，还可以适度引导学生用综合法求证不等式，例如依据前面的不等式基本性质，用综合法证明性质："若 $a>b$，$c>d$，则 $a+c>b+d$。"在用综合法证明的推理过程中，每一步推理本质上都是三段论，作为依据的大前提都是符号语言表达的形式化结论，由于学生对其形式所指意义已非常熟悉，故不会感觉到任何理解上的困难。但他们在求证思路的构建上可能会有一点儿小困难，因为需要理解不等式传递性的功能，并具有运用传递性功能的经验。教学的目的不在于让学生理解这个求证过程，而是要他们从中分析外显化求证过程背后的思维过程，积累代数推理的思维活动经验。因此，教师可以设计如下任务引导学生自主学习。

任务 1：比较已知"$a>b$，$c>d$"和求证目标"$a+c>b+d$"的差异，思考基于不等式的基本性质，如何建立已知和待求证结论的联系。

任务 2：尝试用不等式性质建立已知和结论的联系。例如，由 $a>b$ 可以得到含有 $a+c$ 或者 $b+d$ 的不等式吗？同理，由 $c>d$ 可以得到含有结论中部分信息的不等式吗？

学生不难得到 $a+c>b+c$ 或 $a+d>b+d$；$c+a>d+a$ 或 $c+b>d+b$。

任务 3：综合分析由已知所得的不等式的关系，它们可以帮助你得到待求证的结论吗？

任务 4：请清晰表达你的求证过程（要求准确简洁备注每一步推理的依据）。

任务 5：回顾反思上述学习任务，概括你在用综合法进行代数推理的过程

中收获了哪些经验。(教师组织学生交流分享,并帮助学生做经验提升)

第三,巩固"代换"的方法。有了前面的铺垫,在均值定理学习中的证明环节,可以设计如下任务,引导学生再次体验公式运用中的基本方法"代换"。

任务1:观察"$\frac{a+b}{2} \geq \sqrt{ab}$ ($a>0$,$b>0$)"的代数式结构特征,探寻求证方法。

【设计意图】体会代数运算变形的方向来自明确的目标和待处理代数式的结构特征(次数、系数、单项式还是多项式等方面)。证明不等式的基本方法是作差比较,方向是差与0的比较(即符号判断),可以关联初中学过的确定符号的代数式(x^2,$\sqrt{x}$,$|x|$);由代数式$\frac{a+b-2\sqrt{ab}}{2}$的特征(三项式,次数具有二倍关系)关联到完全平方公式,可获得求证方法。

任务2:反思上述证明过程,$(\sqrt{a}-\sqrt{b})^2 \geq 0$ 实际上可以看成是对 $x^2 \geq 0$ 中的 x 进行代换。如果将 x 代换为 $m-n$,容易得到 $m^2+n^2 \geq 2mn$,可否利用代换直接得到 $a+b \geq 2\sqrt{ab}$ 呢?

【设计意图】强化认识:代换是由基本不等关系获得新的不等关系的重要方法。

第四,深入理解均值不等式的内涵和价值。在完成均值定理证明后,教师先提示学生反思总结学习公式的基本经验有哪些,组织引导学生交流各自对均值不等式的理解,之后提出如下任务。

任务1:基于你对均值定理的理解,由均值定理,你可以判断下列不等关系中哪些是成立的吗?

① $m+n \geq 2mn$(其中 $m>0$,$n>0$);

② $\sqrt{2998 \times 3002} \leq 3000$;

③ $a^2+b^2 \geq 2ab$;

④ $x^2+|x| \geq 2|x|\sqrt{|x|}$;

⑤ $\sqrt{xyz} \leq \frac{x+yz}{2}$。

任务2:在完成任务1后,你对均值定理的认识有何变化?(组织学生交

流分享）

然后再给出例1，此时学生已经能够水到渠成地自主解决问题。实际上，这也为后续"用均值定理求最值"的学习奠定了很好的思维基础。

五、指向学生数学核心素养提升的教学特点

通过前文对均值定理教学片段的分析与改进，我们不难发现，在整个分析、改进设计的过程中，整体性、主题性、发展性是指向数学核心素养教学的特点。

（一）整体性

首先，在数学内容理解上，"把握数学本质，启发思考，改进教学"是新课标的基本课程理念，而"把握数学本质"在有限的课时内容中是不可能实现的，只有将一个个概念、定理置于更大的单元、章、主题的范畴之下，才能识得其数学本质，即必须在整体课程观下才能把握数学内容的本质[4]。例如，将均值定理置于代数范畴中加以思辨，才更容易发现其本质属性：它是两个正实数变量的恒不等关系式，其基本构成形式为"同次和与积"，这一结构决定其具有"和"与"积"缩（放）转化、比较大小、确定范围或最值的功能；其适用的场景除了正实数的范围，还有"和""积"的结构属性；其使用的基本方法是代换。

其次，在学生学习理解上，挣脱课时的束缚，放眼学生学习的整个经历，就会发现仅关注学生所处的特定阶段是不够的。上述片段中，学生学习的难点实际上不是单一知识和技能层面的，而是高一新生适应更抽象的高中数学学习的初高中过渡问题，显然没有整体观念的学情分析是不行的。此外，整体性还体现在学情分析中，不仅要有基于"四基"的思维基础分析，还应有学生的学习习惯和态度维度的分析。教师只有基于整体观念进行学情分析，才能全面准确地抓住学生学习的基本情况，认清学生的学习基础，有效设计学习活动，帮助学生发展数学核心素养。

没有上述这些整体观念下的内容本质的把握、学情的分析，就不可能凝练出适切的主题、确定适当的主题学习目标、制订合理的课时规划、设计有效的学习活动和评价。

（二）主题性

没有明确的主题，教师的教学在实质上很难逃脱课时教学的惯性，难以有效组织各个课时的教学内容，形成课时之间的内在逻辑联系，建立结构性的主题知识群[5]。在上述教学改进案例中可以看到，"建立良好的数学思维习惯"是进行教学改进的核心，也是教学设计的主题，主题对教学的组织有"聚合器"的作用。在这一主题之下，表面上看似无关的几个知识，被"良好思维习惯"统筹联系起来，即：为准确描述研究对象（集合）打好基础，关注探索不同对象之间的逻辑关系（常用逻辑用语），积累和发展代数技能与思维能力，初步形成并建立多元思维视角，知道模型转换是突破思维局限的重要路径（函数视角下的二次方程和二次不等式）。

（三）发展性

打破传统课时教学中盲目追求"一步到位"的观念，不论是大到学生数学核心素养的发展，还是小到某个概念或定理的理解，都是需要一个过程的，过程的长短取决于学习个体的情况。一般情况下是不可能"一步到位"的，更不太可能实现全班"齐步走"的，这是一个基本客观事实[6]。学习活动和评价的设计，需要在发展的眼光下，结合学习内容进行整体规划设计，化解学生的学习难点，促进学生按照个体的学习节奏获得渐进的提升与发展。

例如，在均值定理的运用中，学生经常会出现忽视使用的正实数条件或在求最值中忽视等号成立的条件等现象，这些现象背后反映出"习惯性忽视定理使用条件"非常普遍，这实际上涉及学生的思维习惯问题。这显然不是一朝一夕形成的，既有人类大脑认知中"只关注最突出"的先天本性的原因，也与后天学习活动中有意识的主动注意不足有关。另外，常用逻辑用语单元的教育价值，不在于让学生知道多少逻辑用语，而在于学生良好逻辑思维习惯的建立，但这不可能在逻辑用语这一个小单元就实现，而是需要在所有的逻辑思维活动中，有意识地运用逻辑用语，有序地、有逻辑地进行思考。例如，量词的学习，其最大价值是将"命题是有定义域的"这一特性显性化。教师在逻辑用语的教学中引导学生认识到命题中的量词（或隐性量词）显示了定理的成立范围之后，在后续的所有公式、定理的学习中，都应该要求学生在运用定理时，首先要关注其适用的范围。这本身也是理解、运用定理或公式应有的思维习惯。

参考文献：

［1］胡凤娟，吕世虎，王尚志. 高中数学课程实施中面临的关键问题研究——基于全国3964位教师的调查［J］. 当代教育与文化，2018，10（5）：35－41.

［2］李大永. 数学课堂要以发展学生思维为核心［J］. 中国教师，2016（6）：72－76.

［3］吕世虎，杨婷，吴振英. 数学单元教学设计的内涵、特征以及基本操作步骤［J］. 当代教育与文化，2016，8（4）：41－46.

［4］李大永，章红. 基于整体把握的运算主线下的"分数指数幂"教学［J］. 数学教育学报，2016，25（1）：61－66.

［5］李大永. 依托主题教学发展数学素养——从北京中、高考压轴题谈起［J］. 数学通报，2019，58（8）：13－18.

［6］李大永. 基于数学思想方法的理解——整体设计三角函数的教学［J］. 数学通报，2015，54（5）：17－23.

高中数学课堂教学语言应用策略探索

——基于学生核心素养提升的视角

孔颖婷[①]　关成刚[②]

《普通高中数学课程标准（2017年版）》明确提出："数学学科核心素养是数学课程目标的集中体现，是具有数学基本特征的思维品质、关键能力以及情感、态度与价值观的综合体现，是在数学学习和应用的过程中逐步形成和发展的"。如何有效提升学生数学学科核心素养已成为当前高中数学教学领域中的关键性问题。以往学术界对于学生数学学科核心素养提升问题的研究，多聚焦于课堂教学方法的改进、课程体系的构建及教育教学评价等层面，较少关注高中数学课堂教学语言的改善与学生数学学科核心素养的提升之间存在的关联。"教学语言是课堂里思维与交往的核心媒介"[1]，恰当、精准的课堂教学语言，能够有效促进师生间信息的传递、思想的交流、思维的碰撞，从而涵养与发展学生的数学学科核心素养。基于此，本文聚焦于探究高中数学课堂教学语言改善与学生核心素养提升之间的内在联系，并在此基础上提出高中数学课堂教学语言的改进策略，从而为提升学生数学学科核心素养提供一定的参考与借鉴。

一、精准点拨，让学生会用数学的眼光观察世界

"数学的眼光是什么呢？就是数学抽象"[2]。学生"会用数学的眼光观察世界"[1]即从现实世界中抽象出数学研究对象，并在数学内部进行更高层次的抽象。在数学学习过程中，学生要完成从具体到抽象、从低级抽象到高级抽象的逐级抽象过程；教师通过语言点拨，可以引导学生抽取出现实问题中的数学属性，让学生获取数学研究的对象，从而将抽象的问题具体化，为学生思维的攀升提供"手脚架"。换言之，教师的语言引导可以成为学生进行数学

[①] 孔颖婷，中学高级教师，广西省特级教师。
[②] 关成刚，首都师范大学教育博士研究生，中学高级教师。

抽象思维活动的"催化剂",使学生聚焦多个例子中的共性。

为达到以上目的,教师的课堂教学语言要预设并精准定位,即应明确:从什么现实对象中获取数学对象?抽取对象的数学属性是什么?要研究数学对象之间的什么关系?找到什么规律?围绕以上问题,教师可以精心设计教学语言,在难点处将抽象问题具体化,通过显浅易懂的具体例子引导学生的思维渡过难关;在疑点处将易混淆问题设置对比辨析,深化学生对数学本质的认识。

下面以《普通高中课程标准实验教科书·数学·必修1》(人教 A 版)第一章"1.2 函数及其表示"中函数的概念教学为例进行说明。

师:在初中,我们学习了函数的定义,即一个量变化,另一个量也随之变化。比如,行驶里程与行驶时间的关系 $S = 60 \cdot t$,里程随时间的变化而变化。圆的面积 S 与半径 r 的关系:$S = \pi \cdot r^2$,面积随半径的变化而变化。这两个例子中,时间和半径都是自变量,里程和面积都是因变量。

师:下面请大家阅读课本第 15 - 16 页的三个实例。

(学生阅读课本例题)

师:实例(1)中,炮弹距地高度 h 与时间 t 的函数解析式为 $h = 130\,t - 5\,t^2$,按照对应关系,任意一个时间 t 都有唯一确定的高度 h 与之对应;实例(2)中,对于 1979 - 2001 年中的每个时刻 t,按照图中曲线,都有唯一确定的臭氧层空洞面积 S 和它对应。请仿照(1)(2)描述表格 1 - 1 中恩格尔系数和时间(年)的关系。

生:按照表格 1 - 1,每个时间都有唯一确定的恩格尔系数与之对应。

师:分析以上三个实例,变量的共同点是什么?

生:变量都是"数",无论是自变量还是因变量!

师:很好,实例(1)写出了函数解析式,可求出每个自变量对应的因变量;实例(2)和(3),给出自变量 $t = 2001$,能找到对应的因变量吗?

生:可以。实例(2)看图象,$t = 2001$ 对应的臭氧层空洞面积 S 是 $26 \times 10^6 \mathrm{km}^2$,实例(3)阅读表格 1 - 1,$t = 2001$ 对应的恩格尔系数是 37.9%。

师:很好。初中阶段,在函数解析式中 y 随 x 的变化而变化,变量间是依赖关系。现在,观察解析式、图象或表格,我们发现用对应关系描述两个变量间的关系更本质。现在，请看函数的定义……

师：学习了函数定义后，请看问题：$f(x)=x^0$，$g(x)=\dfrac{x}{x}$，这是两个不同的函数吗？

生：两个函数的定义域都是$\{x\in R\,|\,x\neq 0\}$，对应关系也相同，所以它们是同一个函数。

师：通过问题辨析，我们进一步体会到函数的本质就是对应关系。

在这个案例中，教师与学生一同回顾了从现实世界中抽象出数学研究对象——变量，及研究两个变量间依赖关系的过程。教师用精准的课堂教学语言描述了实例（1）和（2）中两个变量间的关系，通过让学生求实例（2）和实例（3）中某个自变量对应的函数值，为学生理解两个变量间的对应关系搭建"手脚架"，协助学生完成变量关系从"依赖关系"到"对应关系"的跨越。学习了函数的概念后，教师让学生辨析两个函数$f(x)=x^0$和$g(x)=\dfrac{x}{x}$是否为同一函数，让学生从函数的三个构成要素（定义域、对应关系、值域）来认识函数，深化对"函数就是对应关系"的数学本质的理解。学生对函数的概念的学习，经历了两个阶段的抽象，阶段一是从现实世界中抽象出变量的定义，并研究两个变量间依赖关系的"现实情境数学抽象"[3]，阶段二是从两个变量间的依赖关系到对应关系的"纯数学情境数学抽象"[3]。

这两次抽象进阶对学生思维水平的要求是在不断升级的，而教师精准的语言点拨，就可以帮助学生做好关键节点的衔接，实现理解力的攀升，从而促进学生数学抽象核心素养的发展。

二、深入浅出，让学生会用数学的思维思考世界

"数学的思维是什么呢？就是逻辑推理"[2]。逻辑推理包括演绎推理和归纳推理。"演绎推理是从大范围内成立的命题推断小范围内命题也成立，只能用来验证知识，不能用来发现新的知识。而归纳推理是通过条件预测结果、通过结果探究成因的推理，其结果是必然成立的，用于发现知识"[4]。培养归纳推理能力，有利于学生创新能力、创造性思维的培养。而在数学教学中，

基于核心素养的高中数学教学

教师通过举例的形式，可以将某些抽象的命题、定理生动化、形象化、直观化，帮助学生从直观的问题中获得推理逻辑并返回到数学抽象中，实现理解"瓶颈"的突破。

为了达成现实世界与数学的关联、类比和归纳，教师需储备丰富的相关案例，并将之精心设计成一系列的情境式问题，由浅入深、环环相扣地用教学语言表达出来，从而引导学生在逻辑推理的过程中建立数学的思维模式。为此，教师在讲解过程中所用的案例应简单、生动，是学生所熟悉、与学生的生活经验相匹配的。案例中应存在与相关命题、定理可类比、归纳的要素，要素间的关系应与需要推理的命题、定理关系可类比。下面以《普通高中课程标准实验教科书数学必修1》（人教A版）第三章"3.1 函数与方程"中零点存在性定理的教学为例进行说明①。

师：本班小黄的家和新华书店在桂江东岸，学校在桂江西岸，图1表示小黄从家到学校，图2表示小黄从家到新华书店。请观察两幅图并回答，哪幅图中，小黄曾经渡河？请用连续不断的曲线画出小黄的行走路线。

图1

图2

生：图1中小黄曾经渡河。因为小黄的家和目的地——学校分别在桂江的东岸和西岸，小黄从家到学校，肯定要渡河。

---

① 本案例素材取材于授课班级学生所在的城市。

（学生在图上用连续的曲线标出了小黄的行走路线）

师：很好。请大家观察图1，这幅图里的对象和关系可以抽象为数学的对象和关系。比如，把桂江抽象为坐标轴 x 轴，将新华书店放在 y 轴上，建立平面直角坐标系，请看图3。

图 3

师：小黄的家和学校分别对应平面直角坐标系中的 A、B 两点，设两点的横坐标分别为 a 和 b，小黄的行走路线是函数 $y=f(x)$ 的图象，你可以用代数关系式表示 A、B 两点的位置关系吗？

生：由于 A、B 两点在 x 轴的两侧，可以用 $f(a) \cdot f(b) < 0$ 表示。

师：小黄从家到学校，肯定渡河，你可以用几何关系来解释吗？

生：也就是 $y=f(x)$ 的图象与 x 轴有公共点！

师：那么，能用代数关系来表示这种几何关系吗？

生：可以，即 x 轴上存在 c，使得 $f(c)=0$。

师：下面我们来看零点存在性定理……

在上面的案例中，教师设计的问题情境来源于学生的生活实践——从家返校，问题本身非常简单易懂。在情境问题中，家、学校分别对应了零点存在性定理中 x 轴异侧的两个不同的点，桂江对应 x 轴，小黄的行走路线对应了函数的图象，从家到学校必须渡河的逻辑推理可类比归纳为：x 轴异侧的两个点在连续不断的函数图象上，则函数图象上必存在与 x 轴的公共点。通过教师教学语言的引导，问题情境中的家、学校、桂江分别被抽象为几何元素点和坐标轴，小黄的行走路线则被抽象为函数图象。围绕从现实世界中抽象出来的数学问题，教师层层设问，将问题情境中的研究对象抽象为几何关系，进一步用代数式子表示几何关系，将问题情境中得到的逻辑推理类比、归纳为零点存在性定理。在课堂教学中，教师可以通过类似这样的精心预设的问题情境，通过教学语言的引导，指引学生进行类比、归纳的逻辑推理，使学生学会用数学的思维思考世界。

三、灵活转换，让学生会用数学的语言表达世界

"数学的语言是什么呢？就是数学模型，数学模型使得数学回归于外部世界，构建了数学与现实世界的桥梁"[2]。"数学模型是对现实问题进行数学抽象，用数学语言表达问题，用数学知识与方法构建模型，解决问题的过程"[5]。建立数学模型的过程中，教师要引导学生从现实问题中抽取数学属性，将自然语言转换为数学语言，根据现实问题构建数学研究对象之间的关系，分析解决问题所需运用的数学知识与方法，设计解决问题的方案。

下面以《普通高中课程标准实验教科书数学必修3》（人教A版）第137页例2为例。

例：假设你家订了一份报纸，送报人可能在早上6:30~7:30之间把报纸送到你家，你父亲离开家去工作的时间在早上7:00~8:00之间，问你父亲在离开家前能拿到报纸（称为事件A）的概率是多少？

师：这是有无限多个等可能结果的随机试验，且每个事件发生的概率只与构成该事件区域的面积（长度或体积）成比例，可以用几何概型的公式来计算概率。

师：首先分析研究对象，问题中有多少个随机变量？

生：两个，分别是报纸送到时间和父亲离家的时间。

师：对。把报纸送到时间设为x，父亲离家的时间设为y。比如（7，7）表示报纸7:00送到，父亲7:00离家。在平面直角坐标系中，试验的全部结果构成的区域为$\Omega=\{(x,y)\mid 6.5\leqslant x\leqslant 7.5,7\leqslant y\leqslant 8\}$，这是一个正方形区域，面积$S_\Omega=1\times 1=1$。父亲在离开家前能拿到报纸，说明送报时间早于父亲离家时间，这用数学关系式表示是怎样的呢？

生：$x\leqslant y$。

师：将代数关系转换为几何关系后，是什么呢？

生：是在正方形区域中，位于直线$x=y$左上方的区域。

师：能用点集表示事件A的区域吗？可以计算事件A的区域面积吗？

生：A = {(x, y) | y ≥ x, 6.5 ≤ x ≤ 7.5, 7 ≤ y ≤ 8}，$S_A = 1 - \frac{1}{8} = \frac{7}{8}$。

师：所以事件 A 发生的概率为 $P(A) = \frac{S_A}{S_\Omega} = \frac{7}{8}$，如图 4。

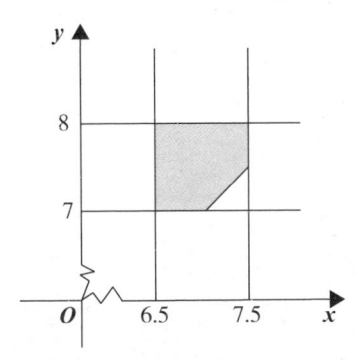

图 4

在上述教学过程中，教师首先引导学生从现实问题中抽象出数学研究对象，然后通过分析随机试验结果的个数，提问变量的个数，最终完成了概率模型判断。在确定应用几何概型解决问题后，教师引导学生对抽象的有序数对 (x, y) 在现实问题中的意义进行了教学语言上的解释和转译。在此基础上，教师引领学生将文字语言表达的事件 A "父亲在离开家前能拿到报纸" 转换为符号语言 "$x \leq y$"；将符号语言表示的 "$x \leq y$" 转换为图形语言；进而在平面直角坐标系中，找到试验结果区域和事件区域，运用几何概型公式解决问题。在数学建模的学习活动中，教师都可以通过与上述案例中类似的语言点拨，有效引导学生辨别模型、确定模型、应用模型，促使其将自然语言转换为数学语言。

四、余论

斯托利亚尔曾经说过："数学教学，也就是数学语言的教学"。课堂是数学教学的主要载体，而通过改善和提升数学课堂教学语言，教师的数学教学专业素养可以得到磨砺和修炼，而学生的数学学科核心素养也可以得到培育和发展。

在数学课堂教学中，首先，教师的数学教学语言要恰当简洁、精准干净，充分体现出数学学科独有的严谨性。数学教师在课堂上应努力做到"多余的话不讲、不准确的话不讲",充分体现数学语言的简约性。教师在课前预设时,可提炼出一节课内要解决的核心问题,并将核心问题分解为若干个服务于最终解决核心问题的子问题,进而设置问题串层层追击、精准设问。子问题的设计可遵循抽象问题具体化、直观化的原则,化繁为简的原则,聚焦共性、对比差异的原则等。将要解决的核心问题转化为精炼准确的子问题串,可减少数学教师不必要的课堂语言,并为学生数学抽象、逻辑推理等核心素养的培育和发展创造良好的条件。

其次,教师的数学教学语言要由浅入深,用简单的事例揭示深刻的规律。高中阶段培养学生数学核心素养,简单来说就是要做到"三会",即:"会用数学的眼光观察世界,会用数学的思维思考世界,会用数学的语言表达世界"[2]。数学是一门高度抽象的学科,教师在引导学生从数学的角度观察、思考或表达世界的过程中,都应充分考虑数学学科的抽象性。在现实世界中,或在数学学科内,应尽量选用显浅、直接的例子,运用干净利落的教学语言说明所要研究的对象、关系和规律;切忌故弄玄虚,增加无关信息的干扰,虚化或错切了研究问题需要聚焦的关键节点。

最后,在数学课堂教学语言中,教师要充分重视三种数学语言——文字语言、符号语言、图形语言的综合运用和语意转换。三种数学语言转换、互译的过程,就是磨砺学生数学抽象、逻辑推理、数学建模等核心素养的过程。教师在教学过程中,通过示范三种数学语言的转换,可以帮助学生掌握运用数学语言的方法,深化对研究对象的理解。教师引导学生将自然语言转换为数学语言的过程,就是将现实问题抽象为数学问题的过程;教师将三种数学语言互相转换的过程,就是进一步"抽象出量的关系或空间形式方面本质属性"[4]的过程,是数学抽象的高级过程。因此,教师在教学语言中应充分重视运用三种数学语言,重视三种语言的互译,从而为学生数学抽象、逻辑推理、数学建模的核心素养的培育奠定良好的基础。

参考文献:

[1] 肖思汉,刘畅. 课堂话语如何影响学习——基于美国课堂话语实证研究的述评 [J].

教育发展研究，2016，36（24）．

［2］史宁中．高中数学课程标准修订中的关键问题［J］．数学教育学报，2018（2）．

［3］常磊，鲍建生．情境视角下的数学核心素养［J］．数学教育学报，2017，26（2）．

［4］史宁中．学科核心素养的培养与教学——以数学学科核心素养的培养为例［J］．中小学管理，2017（1）．

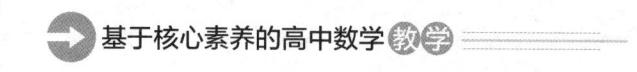

构建生态智慧课堂 培育学生核心素养
——以数学学科为例

熊永昌[①]

一、聚焦学科核心素养培育的课堂特征

（一）课堂应具有生态和智慧双重属性

《普通高中数学课程标准（2017年版）》中指出，在高中数学教学中，教师要启发学生思考，引导学生把握数学内容的本质，激发学生学习数学的兴趣，促进学生实践能力和创新意识的发展，提高教学的实效性，让学生"感悟数学的科学价值、应用价值、文化价值和审美价值"[1]。这意味着教师必须要通过启发诱导的教与学活动使学生的高阶思维能力得到提升，增强学科吸引力，强化学生在课堂中积极正面的情感体验，使学科精神和力量贯穿于课堂。数学课堂如此，所有学科的课堂也都如此。因此，我们提出构建生态智慧课堂是落实学科核心素养的重要渠道。教学中，教师、学生、教学内容、教学方法和教学环境共同组成完整的课堂教学生态系统，智慧是课堂教学生态系统中各要素交互作用的产物。

（二）课堂应成为生命自由生长与和谐发展的地方

学生作为具有生命力的教学主体，适应和影响着课堂生态系统，并在生态系统中进行智慧的新陈代谢和生命的成长。在生态智慧课堂中，教师通过教与学活动实现智慧的启迪和生成，智慧通过师生、生生间的交流互动在课堂生态系统中流动和增长。

生态智慧课堂的教与学活动过程是提升生命价值的过程，课堂必须让生命得以自由生长与和谐发展。教师和学生置身于一个自由和谐、富有个性、独立自主、有利于整体生命投入的生态环境中，尽可能调动自身的能量、挖掘自身的智慧潜能，去探究、体验、实践和创造，从而取得课堂教学效益与

[①] 熊永昌，北京一零一中学副校长。

生命价值的整体提升。

北京一零一中学通过构建课堂生态智慧场域来落实学科核心素养的培育，即在课堂中打造相互促进、相互交融的四个学习场域：生活场、思维场、情感场和生命场。让学生在生活中体验学习，在体验中形成素养；在有思维的激荡与冲突、提升与凝练的课堂中发展学生思维，让学生的情感世界在一种自由、和谐的氛围中不断得以陶冶与美化，使课堂教学的出发点和归宿落在促进学生生命的成长上。具体如图 1 所示。以下以我校数学学科课堂教学改革为例，谈如何通过四个场域的构建，转变教学方式，促进学生学科核心素养养成。

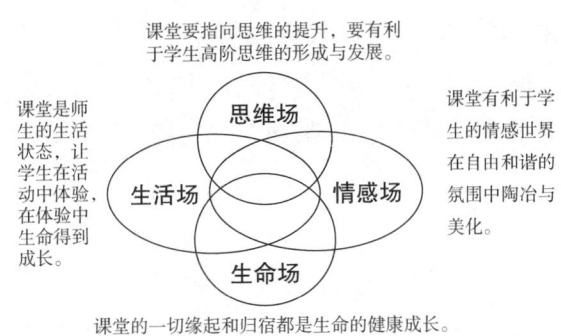

课堂要指向思维的提升，要有利于学生高阶思维的形成与发展。

课堂是师生的生活状态，让学生在活动中体验，在体验中生命得到成长。

课堂有利于学生的情感世界在自由和谐的氛围中陶冶与美化。

思维场　生活场　情感场　生命场

课堂的一切缘起和归宿都是生命的健康成长。

图 1

二、通过生态智慧课堂模型，落实学科核心素养

（一）生活场：在生活体验和社会实践中夯实素养之基

数学学科核心素养是学生通过数学学习，在面临现实生活中各种问题情境时，能够用数学的眼光去认识问题、能发现情境中所存在的数学现象并尝试用数学的思维和技能去解决问题时的综合表现。数学学科核心素养的培育不同于数学学科知识的获得，需要面对真实的情境、解决复杂的问题，教师必须用丰富的教与学活动打造出一个让学生可以自由体验、实践和拓展社会生活的"生活场"，强调将学习置于真实的生活场景中，在真实的生态场域中完成能量的交互和知识的创新以及素养的提升。

【案例：生活中的样本空间与事件】

1. 尝试与发现

生活中，我们往往会遇到以下一些现象：

①某人练习投篮 5 次，结果投中了 3 次；

②每天早晨太阳都从东边升起；

③某人一个小时内接到 10 个电话；

④将一石块抛向空中，石块掉落下来；

⑤走到一个红绿灯路口时，前方正好是绿灯；

⑥实心铁球丢进水里，铁球会沉到水底；

⑦买一张福利彩票，没中奖。

问题 1：凭直觉，上述现象有哪些特征？你能将上述现象进行分类吗？

预设答案：①③⑤⑦是一类，因为这些现象的结果事先不能确定；②④⑥⑧是一类，这些现象的结果事先能够确定。

问题 2：请你按照上述现象的类别，分别给两类现象起个名字。

师生共同讨论、归纳出随机现象和必然现象的定义：一定条件下，结果事先不能确定的现象就是随机现象（或偶然现象）；结果事先能够确定的现象就是必然现象（或确定性现象）。

问题 3：采取小组合作学习的方式相互讨论，举出身边熟悉的随机现象和必然现象的例子。

预设答案：①抛一枚硬币，出现正面；②掷一个骰子，出现的点数为 6；③新生婴儿的性别为女。

【设计意图】以学生日常生活中常见的现象为例，让学生了解到随机现象在生活中是大量存在的，学习有关概率知识的目的之一就是要了解和描述类似的现象；通过这些问题增加学生学习概率的兴趣，助其了解数学在解决实际问题中的广泛应用；提高学生应用数学知识提出问题、分析问题和解决问题的能力，为进一步深入学习、研究随机事件的概率积累素材，引燃学生的思维火花。

2. 探求新知：样本点和样本空间

在刚刚举的例子中，"抛掷一枚硬币，正面向上""抛掷一枚硬币，反面向上"都是随机现象,有许多概率统计学家做了大量抛掷硬币的试验,从而发现规律。

定义:在相同条件下,对随机现象所进行的观察或实验称为随机试验(简称为"试验")。例如,抛一枚硬币、掷一个骰子等,都可以看成是随机试验。

在"抛掷一枚硬币"的试验中,可能出现的最基本的结果"正面向上"和"反面向上"称为样本点,这两个样本点组成的集合称为样本空间。

定义:随机试验中每一种可能出现的结果,都称为样本点;由所有样本点组成的集合称为样本空间(通常用大写希腊字母 Ω 表示),如图 2 所示。

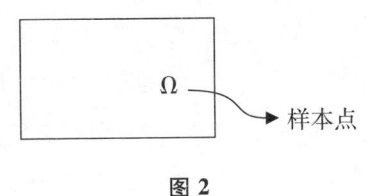

图 2

问题 4:请你分别指出试验——抛一枚硬币、掷一个骰子的样本点和样本空间。

预设答案:①抛一枚硬币,如果样本点记为"正面向上""反面向上",则样本空间为 Ω = {出现正面,出现反面},如果把样本点"正面向上""反面向上"分别记为"1""0",则样本空间为 Ω = {1, 0};掷一个骰子,如果样本点用朝上的面的点数表示,则其样本空间为 Ω = {1, 2, 3, 4, 5, 6}。

问题 5:通过实例,我们看到,试验不同,对应的样本空间也不同。请大家深入思考:①同一试验,对应的样本空间是唯一的吗?②一个样本空间对应的事件是唯一的吗?

预设答案:

①同一试验,若试验目的不同,对应的样本空间也不同。例如,对于同一试验"将一枚硬币抛掷三次",若观察正面 H、反面 T 出现的情况,则样本空间 Ω = {HHH, HHT, HTT, HTH, THH, THT, TTH, TTT};若观察出现正面的次数,则样本空间为 Ω = {0, 1, 2, 3}。

②建立样本空间,事实上就是建立随机现象的数学模型。因此,一个样本空间可以概括许多内容大不相同的实际问题,例如,只包含两个样本点的

样本空间 $\Omega = \{0, 1\}$，它既可以作为抛掷硬币出现正面或出现反面的模型，也可以作为产品检验中合格与不合格的模型，还能用于统计排队现象中有人排队与无人排队的模型等。

【设计意图】鼓励学生先用"正""反"，再用"1""0"来描述对应的样本空间，体现数学抽象的层次性，发展学生的核心素养。

3. 交流总结（问题梳理）

通过这样的学习，在课堂中创造浓浓的生活场，引导学生"用数学眼光观察世界、用数学思维思考世界、用数学语言表达世界"。学生从实际问题中抽象出数学问题，体会数学来源于生活又服务于生活的道理，同时在活动中能够综合运用所学知识和方法，掌握分类、转化、建模等数学思想，以及自主学习、与他人合作交流解决问题的可持续学习能力。

（二）思维场：以问题矩阵为引领，提升思维，培育素养之根

数学是一门注重思维的学科，数学思维指的是在数学知识体系的支撑下，运用数学方式观察问题、分析问题、解决问题的思考方式。数学教学本质上是培养学生的思维能力、发展学生的数学核心素养，让学生会用数学的思维分析世界是数学课堂教学的一个首要目标，课堂教学必须构建能够引导学生提升思维能力的思维场，激发学生主动探究和学习的内在动力。这就要求教师以学生发展为本，把握数学学科本质，引导学生在学习过程中形成解决问题的整体思维框架，培养学生提出问题的能力。

下面，结合案例"高三专题复习课：对一道函数综合题的研究"[2]来进行阐述。

1. 设计以学生思维发展为本的整体单元教学

面对孤立知识点和问题的教学，学生心中没有知识框架，难以形成核心素养。为此，教师需要进行单元教学，通过研究一个个问题，来发现整体规律，让学生整体把握课程内容和知识体系，从而把握数学内容的本质。本节课通过问题，引导学生基于函数概念，深入研究函数性质，构建函数综合问题的思维框架，从而学会整体把握函数的图象性质，发展直观想象和逻辑推理素养。

对于函数问题而言，数学思维是基于函数性质的认识完成问题的求解。

教师需要做的，是通过课堂教学使学生在学习过程中形成解决函数问题的整体思维框架，把握数学学科本质。

本单元整体设计"函数综合问题"的单元教学，目标是让学生在经历问题引领、问题梳理、自主归纳三个层次后，思维逐步提升。本节课是在问题梳理阶段。

设计以学生思维发展为本的整体单元教学的原则是，教师把握学生的思维障碍点，从而设计教学。经过"问题引领阶段"的学习，教师总结学生的思维障碍点：当遇到函数综合题时，只会机械求导，容易陷到暴力运算的陷阱中无法自拔，不能灵活地从函数、方程、不等式相互转化的角度解决问题。

因此本节课选取了这道题：

已知函数 $f(x) = \dfrac{\ln x + 1}{x}$，若关于 x 的方程 $f(x) = a$ 恰有两个不同的实数根 x_1，x_2，且 $x_1 < x_2$。

求证：$x_2 - x_1 > \dfrac{1}{a} - 1$。

课堂探究：探究含有 $x_1 + x_2$ 的不等式，并证明。

此问题综合性较强，能充分暴露上述学生的思维障碍。本题可构建不同的函数，从多种角度解决问题，但都是把不等式转化为函数问题，以及把函数自变量的大小关系转化为对应函数值大小关系的比较，实质上都是基于对函数概念的理解解决问题。学生可以通过研究这道题，提炼解决函数综合问题的思维方法；教师可基于本题提出创新性问题，让学生进行创造、迁移。

2. 把握数学学科本质，形成问题解决的思维

（1）基础应用，开启思维。

首先呈现问题：已知函数，方程的两个不同的实数根 x_1，x_2，需要证明不等式 $x_2 - x_1 > \dfrac{1}{a} - 1$。教师与学生共同提出以下问题：观察函数的结构，能发现它的什么性质？你研究了这个新函数的哪些性质？能否根据这些性质画出函数示意图？

这些问题的提出和解决是突破难点的重要环节，是基于知识和经验的简单应用。学生在此过程中形成能力、发展素养，为创造迁移做准备。

(2) 问题分解，思维突破。

这个环节是整节课的核心，其设置基于学生已有基础和思维障碍，逻辑连贯，有针对性，注重核心知识方法。

首先分析条件：结合性质和直观图象，继续深入研究方程 $f(x)=a$ 两个实数根 x_1，x_2，以及 a 的几何和代数特征，分别用自然语言、图形语言、符号语言来重述问题，将证明不等式 $x_2-x_1>\dfrac{1}{a}-1$ 转化为证明 $x_2>\dfrac{1}{a}$。如何证明呢？学生提出方法，认为需要借助函数的性质来研究，自变量的值的大小关系通过函数值的大小关系来比较。在同一单调区间内，问题转化为比较 $f(x_2)$ 与 $f\left(\dfrac{1}{a}\right)$ 的大小，即 a 与 $f\left(\dfrac{1}{a}\right)$ 的大小。

接下来教师鼓励学生提出其他方法，并且对两种方法进行分析。学生发现两种方法虽然构造的函数不同，但本质都是通过恰当构造函数，把不等式问题转化为"在同一个单调区间 $x_1+x_2>2$，$x_1+x_2>1+\dfrac{1}{a}$，$x_1+x_2>\dfrac{2}{a}$ 内通过比较函数值的大小得到自变量值的大小关系"。师生共同寻找解决函数问题的一般方法，探究解决函数问题的思维框架。

(3) 创新探究，提升思维。

接着师生进行课堂引申探究：本题能否探究 x_1+x_2 的取值范围呢？教师放开手脚，鼓励学生积极思考，感受如何提出问题并且进行研究；同时感悟研究函数问题的活动经验，并将经验放到自己研究的函数问题中去实践。学生经过猜想、讨论得出多个结论，如 $x_1+x_2>2$，$x_1+x_2>1+\dfrac{1}{a}$，$x_1+x_2>\dfrac{2}{a}$ 等，教师与学生进行讨论，并进行论证。

(4) 归纳总结，发展素养。

这个阶段是本节课的升华阶段，师生共同探索解决函数综合问题的思维框架：基于函数的概念，以逻辑推理、代数运算与函数图象为手段解决问题；如何提出新问题并且进行研究。函数图象能够直观形象地表示出函数的变化状态，逻辑推理和代数运算则保证了解题过程中的严谨性。

学生掌握了研究函数问题的基本思维方法，对于其他的问题，研究方法类似，当然可以做到了然于胸。

（5）自主归纳，形成网络。

在本单元最后一个阶段，学生需要自主归纳，建构自己的知识方法体系。在复习过程中，教师倡议学生尝试创新复习方法，如原创、改编问题，创作自己的数学试卷等。学生经过热烈的交流讨论，提出了多种创意，有的很精彩，也有的是错题，但都非常有价值，收获很大。

"高三专题复习课：对一道函数综合题的研究"这一案例，从一道题的一个小问开始展开探讨和研究，学生在经历分析问题结构、恰当构建函数、研究函数性质、解决问题的过程中，感悟研究函数问题的基本思维框架，学会整体把握函数的图象和性质。教师引导学生继续探究、总结、归纳和创造，注重培养学生发现问题、提出问题的能力。在此过程中，学生的直观想象和逻辑推理素养得到充分发展，数学学习力和自主思维能力得到有效提升。

（三）情感场：让课堂弥漫流动的情感，厚植素养之魂

课堂中的情感场关注的是学生的情感因素，主要包括课堂教学氛围，师生、生生间的人际关系，学生的学习动机与兴趣这三大方面。教师要在教学活动中激励、唤醒和鼓舞学生，创造合作交流的平台，促进学生间的情感流动；教师应挖掘教学内容的多重属性，如数学的实用性、趣味性以及史学价值、美学价值等，引导学生建立起与数学之间的情感共鸣，增强学生的学习动机和兴趣。如，以真引情，构建民主平等的课堂氛围。民主、平等、和谐的课堂氛围是师生情感交流的基础，这需要教师放下"师道尊严"的架子，与学生平等对话，用真情去调动学生的积极情绪，使之处于最佳学习状态。教师要有意识地用亲切的微笑、信任的目光、适当的鼓励，拉近与学生心灵的距离，让每一位学生都能有一种被重视感、被关注感，让课堂充满真实而温暖的情感流动。再如，以美怡情，引导学生建立与学科之间的情感共鸣。如在学习斐波那契数列时，教师可以先通过幻灯片展示自然界中的植物花瓣，学生经过观察发现秋海棠、虎刺梅的花瓣是2片，百合花、鸢尾花的花瓣是3片，梅花、樱花的花瓣是5片，波斯菊的花瓣是8片，万寿菊的花瓣是13片，向日葵的花瓣是21片，雏菊的花瓣是34片……在学生总结出花瓣数量之间的关系后，教师引出斐波那契数列和斐波那契螺旋线，并追问学生：在

生活中还有哪些斐波那契数列的例子？有学生指出蜜蜂的繁殖也符合斐波那契数列，更有学生突发奇想，认为人体也遵循了1、2、3、5的规律——每个人都有1个鼻子，2只眼睛，每个肢体都分为3段，手脚都有5根指头。最后教师提出斐波那契数列的拓展问题："有10个台阶，一次可以走一个台阶或两个台阶，一共有多少种走法？如果有 n 个台阶，又有多少种走法？"像这样，教学从植物花瓣数量和走台阶这两个经典场景出发，激发学生的学习情趣，让学生在掌握斐波那契数列的概念、定义以及应用方法的同时，也感受到了数学的审美价值和趣味性，在领略数学美的过程中，引起精神升华，产生情感共鸣，提升学科素养。此外，还要注意将数学知识技能、思想方法的学习融入课堂情感流动的旋律之中，做到情理交融，以情明理。

（四）生命场：让课堂追寻生命的价值和意义，弘扬素养之旨

以核心素养为导向的课堂，目标是培育具备核心素养的健全的人，人的生命性是课堂中最突出、最核心的属性。学生是鲜活的生命个体，生活、思维、情感都是促进学生生命成长的必备要素，生活场、思维场和情感场的构建也为生命场奠定了基础。

生命场的构建是从尊重个体生命成长的内在特性与规律出发的。每个学生都有独特的家庭背景和自身性格，不能按部就班地把一个模式生硬地套用在不同个体身上。作为教师，应当因势利导，注重学生的表现与反馈，尊重每个学生的基础与立场，回应学生的不同诉求，以学生个性化学习为中心，设计丰富的学习活动给予学生更多的选择，确保每个学生都拥有生命成长的空间。

如在立体几何专题复习课上，笔者创新复习形式，以尊重学生的生命成长为前提，以学生的个性化学习为原则，设计开放性问题，让不同层次的学生都有收获。

问题情境：如图，在四棱锥 $P-ABCD$ 中，平面 $PAD \perp$ 平面 $ABCD$，$PA \perp PD$，$PA = PD$，$AB \perp AD$，$AB = 1$，$AD = 2$，$AC = CD = \sqrt{5}$。

自主探索一：寻找并论证特殊线、面平行和垂直关系。

①求证：$PD \perp$ 平面 PAB。

②O 为 AD 的中点，设 m 为平面 PAB 与平面 PCO 的交线，判断直线 AB

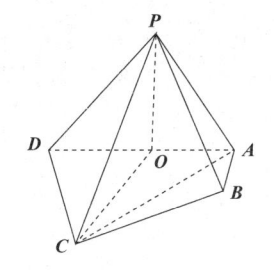

与直线 m 的位置关系并证明。

③寻找线线垂直、线面垂直，或面面平行、面面垂直的命题，并进行证明。

自主探索二：建立合适的空间直角坐标系，解决求角的问题。

①求直线 PB 与平面 PCD 所成角的正弦值。

②求线线角。

③求二面角、面面角。

拓展研究：

①在棱 PA 上是否存在点 M，使 BM//平面 PCD，若存在，求 $\dfrac{AM}{AP}$ 的值，若不存在，说明理由。

②在棱 PB 上是否存在点 N，使 AN⊥平面 PCD，若存在，求线段 BN 的长度，若不存在，说明理由。

③编制探寻线线垂直、线面角等位置关系是否存在类命题，并解答。

学生对作业充满了探究和创造的愿望，试图尽量深入地研究这个几何体中线、面之间的位置关系，有的学生把图形中所有的线面平行和垂直、面面平行和垂直的关系都找到了。至于求空间中的线线角、线面角、二面角，学生的表现也是多样的，开放性问题让他们有了更大的发挥空间，通过自己编题、自己解答，不同层次的学生都有所收获。针对拓展研究作业，学生也提出了很多有价值的问题，如有学生探索直线上是否存在点，使得线面角为45°、30°，或使得线面角的正弦值为某一定值。

最后，我们用一节课的时间对学生提出的问题进行讨论和交流。学生热烈讨论自己提出的问题，探讨问题的可行性、价值以及解决策略，讨论这些问题的共同特点，并进行总结和梳理。这样的环节，让课堂充满了理性思维，也让所有学生都能学有收获。

　　对差异的尊重就是对生命的尊重，生命场的构建是以实现学生生命的可持续健康成长为目标的，短暂的校园生活只是学生生命历程中的一小段，一个成功的数学课堂应当为学生的生命健康发展打下坚实基础，让学生在走出校门后也仍然具备自主学习、终身学习的能力。

　　学科核心素养描述的是一个人经过教育后应当具有的学科特质，每个核心素养相对独立又彼此依存，在教学中不可顾此失彼，必须强调核心素养的整体性。生活场、思维场、情感场、生命场四大场域的构建使课堂成为一个完整的、流动的生态系统，与核心素养共同形成了有机交融而又相互支撑的课堂生态，使学生在真实的课堂生态中经历一个完整的学习过程。学生对学科知识的理解、技能的掌握、学科思想的感悟，以及学习活动经验的积累等贯通融合，进而实现核心素养的提升与发展。

参考文献：

[1] 马云鹏. 关于数学核心素养的几个问题 [J]. 课程·教材·教法，2015（9）.

[2] 贺丽珍. 研究一棵树，思考整座森林 [J]. 未来教育家，2019（8）：10–11.

学生数学思维培养路径探析

徐正祥①

2018年国家已完成新一轮普通高中数学课程标准修订工作，确立了以数学核心素养为特色的课程目标体系并研制使用新教材。[1]在教学中，教师应如何落实数学核心素养，达成数学教学目标呢？章建跃认为，培养学生的理性思维始终是数学课程的核心任务，这是数学教学的"宗"。[2]廖辉辉等认为，只要在"重视夯实数学基础知识和基本能力"的同时，兼顾"数学基本思想"和"数学基本活动经验"的教学核心，就能提升学生的数学核心素养。[3]由此可见，数学思维的培养是落实数学核心素养的重要路径。

数学思维是学生在学习和应用数学解决问题时，通过不断经历直观感知、归纳类比、符号表示等过程来理解和表达事物本质、关系和规律的能力。数学思维的训练包括对数学语言、思维方式（方法）以及思维品质的训练。[4]如何有效地培养学生的数学思维？以下从类比思维、质疑思维、逆向思维三个方面来论述。

一、培养类比思维：搭建"未知""已知"之间的"中间桥梁"

当代认知心理学认为，当我们遇到陌生事物时，知觉系统会首先在大脑中搜索该事物是否与原有熟悉的事物有相同的特征。当产生相似匹配时，大脑的知觉系统便不再费心纠结于眼前这个事物的细节，而是尽快完成信息认知。这样的处理方式显然具有识别准确度高、反应速度快等显著优势。与大脑知觉系统的这种信息处理方式相似，类比思维也有相似的功用。类比推理是从特殊性前提到特殊性结论的思维形式，积极在"未知"中探寻与"已知"相同或相似的特点、规律，一旦确认未知事物与已知事物存在相似性后，就会使用"已知"的方式和方法来分析、理解"未知"问题。类比思维往往

---

① 徐正祥，湖南省永州市教育科学研究院院长，中学高级教师。

能够快速构建起逻辑分析的"脚手架",找到问题解决的有效路径,具有事半功倍的效用。数学教学实践中的类比思维训练就是引导学生把新问题和与之相关的学生已知的数学知识、技能、方法等进行比较,找到相似或共同特点和规律,得以有效和快速地解决新问题。

例如,在引入立体几何课程时,教师给出这样一个命题:"直平行六面体四个侧面面积的平方和等于对角面面积的平方和"。初遇这一命题,学生难免会一头雾水、不知所措,这时教师可启发学生采用类比思维来理解这一命题,寻找已学过的数学知识中是否有"……的平方和等于……的平方和"的判定。这时,有的学生可能会进行有效联系,想到平面几何中有一条很常用的定理:"平行四边形四边的平方和等于对角线的平方和"。基于此,教师可进一步引导学生将"边"改为"面","对角线"改为"对角面",建立起"已知"和"未知"的联系,并要求学生对上述新命题进行证明。由此,学生可以归纳出经验,即在学习空间向量及其运算时,可类比平面向量及其运算。通过对"平面"的"已知"与"立体"的"未知"进行类比,学生在熟练掌握平面向量及其运算的前提下,很容易就能快速掌握空间向量及其运算的规律。

教师在教学中只要用心钻研,就可以发现类比的方式很多,如降维类比、结构类比、简化类比等。可供类比训练的数学命题也很多,如上述案例中的平面向量及其运算、立体向量及其运算、微分领域的罗尔中值定理、拉格朗日中值定理、柯西中值定理等。数学课堂中教师启发学生进行类比,犹如搭桥引渡,可以使学生温故而知新,从"已知"到"未知"的类比过程,有利于发展学生的求同思维,培养其举一反三的能力,从而完成知识和能力的迁移。当然,从"已知"到"未知"的过程,需要学生能够迅速感知、探寻到"相似因素""相似规律"作为"中间桥梁"。因此,寻找和使用"中间桥梁"是类比思维训练的关键环节,可以考验学生的观察、分析和推理能力。

教学实践证明,学生通过使用类比思维建立"已知"和"未知"的联系来掌握"新知",不仅学习效率较高,还能够使"已知"和"未知"建立起更加牢固的深层记忆。类比思维也是创新的基础,通过类比找到命题之间的共性,可以归纳出更为宏观的命题。当然,在类比思维的训练过程中,教师应引导学生进行严密的论证,大胆假设和小心求证应该并存。

二、培养质疑思维：引发主动和深入的"有效批判"

《普通高中数学课程标准（2017年版2020年修订）》对学生提出了"树立敢于质疑、善于思考、严谨求实的科学精神"的要求。学生在课堂上提出质疑，是具有主动性思维的表现。学生提出质疑的原因存在两种可能。一是由于自身知识、技能掌握不牢固而产生错误的理解，学生并未意识到自己的错误而引发的质疑；二是学生发现了存在的问题，经过思考（深入和未深入思考均存在），而表达出的质疑。上述两种质疑对于学生的思维培养均具有积极意义，前者是一种典型的"错误质疑"，在解决学生质疑的过程中纠正其错误思维，显然具有重要价值；后者经常出现的是"未深入思考的质疑"，此时学生的思维比较活跃，容易陷入发现问题的兴奋中，急于提出质疑，而没有进行深入的分析，致使理解容易产生错误。不管是"错误质疑"，还是"未深入思考的质疑"，教师都应该对学生的思考抱有"宽容之心"，并抓住机会进行积极引导。"错误质疑"的纠错过程需要教师引导学生厘清、寻找自己的错误之处，这种在教师引导下的"自我纠错"能够对学生的思维产生深度影响，从而有效避免"错误质疑"的再次发生。"未深入思考的质疑"的纠错过程需要教师引导学生从兴奋中"走出来"，冷静分析问题的症结所在，多角度辩证地进行分析，敢于追根问底，将质疑引向深入，从而做到"敢于质疑""质疑有据"。

例如，教师提供题目："有两个人分别从甲、乙两地出发相向而行，A每分钟走78米，B每分钟走86米，两人走了8分钟，两人曾经相遇，请问两地相距最长多远？最短多远？"有学生发现无法作答，质疑题干条件并不充分。教师抓住机会引导学生思考如何补充条件，完成作答。学生进一步提出，如果能够补充"A、B两人在整数分钟时相遇"（以下简称"a种补充"）、"A、B两人在8分钟内的任意时间都可相遇"（以下简称"b种补充"），则有不同的解答。学生独立解答"a种补充：在第1分钟时相遇，两地最短相距164米；在第7分钟时相遇，两地最长相距1148米。b种补充：在第1秒时就相遇，两地最短相距约0米；在8分钟的最后1秒（或倒数第2秒）相遇，两地最长相距约1312米。"教师赞同学生的质疑和深度思考，并进一步引导学生进行拓展思考，增加"如果 A、B 两人在某个半分钟（即某分 30 秒）时相遇"的条件，再次引发学生思考。最后，教师提出如果不补充题干内容，能否采用"b 种补充"的极限思维方式进行作答，即：两人在刚开始就相遇，得出最短距离；两人在最后才相遇，得出最远距离。

本案例兼具"错误质疑"和"未深入思考的质疑"的特征，教师抓住了质疑思维培养的关键点，并未轻易否定学生，而是逐步引导学生将质疑走向深入，走向问题的解决。因此，虽然学生在课堂中提出的质疑常伴有理解错误、概念模糊、推理不严、理解不深入等不足，但教师不宜断然否定，或者以"正确讲解"代替学生独立思考，而须对学生提出的质疑进行耐心引导、循循善诱、层层剖析，逐渐使学生搞清楚问题的关键所在，建立起主动、深入、清晰准确的数学思维，这是质疑思维培养的关键。

问题是数学学习的重要元素，质疑乃至产生、发现、分析问题的过程都是学生思考的过程。只有不断质疑和思考，才能生成新的问题，获得新的知识。教师应该积极鼓励学生进行质疑，让学生把主动探究变成一个自觉的心理过程，在潜移默化中养成数学思维。通过质疑训练，学生能更深刻地理解和掌握数学知识和技能，提高数学抽象素养的同时也促进了数学思维的发展。

三、培养逆向思维：诱导时序和逻辑"逆向发散"

逆向思维是数学思维的一个重要形式，它是创造性思维的重要组成部分，包括时间逆向和逻辑逆向两种思维的培养方法。时间逆向是一种背离正常时间顺序的思考方式。例如，"乘坐公交车，第一站上了 3 人，第二站下了 5 人，现在有 10 人，问原来车上有几人？"采用"时间倒流"的思考方式可以轻松解答："现有 10 人，如果第二站不下 5 人，就有 15 人，如果第一站不上 3 人，就有 12 人"。数学史上的一个经典案例也提供了一种时间逆向思维的典范。

据说，俄国大作家托尔斯泰曾设计了一道农夫分牛的题目。"有个农夫，留下遗书分割了自己的牛：妻子先得到全部牛的一半加半头；大儿子再得到剩下牛的一半加半头，正好是妻子得到数量的一半；然后二儿子得到剩下牛的一半加半头，正好是大儿子得到数量的一半；最后三女儿得到剩下牛的一半加半头，正好等于二儿子得到数量的一半。结果一头牛都没有杀，他们得到的都是整头牛，问：农夫留下多少头牛？"正向思维解答这一问题，是假设妻子所得牛的数量是 x，其他人分得牛的数量分别是 $\frac{x}{2}$、$\frac{x}{4}$、$\frac{x}{8}$，那么所有牛的数量就是 $\frac{15x}{8}$，要保证它为整数，x 至少为 8，可以得出农夫有 15 头牛，带入验证符合要求。或者假设所有牛的数量（例如假设共有 20 头、25 头、30 头牛），然后再对它们逐一验证和排除，这样不免有些烦琐。逆向思维就可以先考虑"后分"的三女儿，既然大家得到的都是整头牛，并且都是"加半头"后都是整数，因此三女儿的牛数只能是"0.5＋0.5""1.5＋0.5""2.5＋0.5"……带入验证就可以轻松得出三女儿、二儿子、大儿子、妻子的牛数分别是 1、2、4、8，总数就是 15 头。

逻辑逆向主要采用"逆着顺向思路探索、背着指定的方向行进"的方式进行，科学史上的案例无数次地证实了逻辑逆向思维的魅力。1820 年，物理学家奥斯特通过实验证实存在电流的磁效应，英国物理学家法拉第怀着极大的兴趣重复了奥斯特的实验，同时他创造性地使用"逆向思维"提出，既然电能产生磁场，那么磁场也能产生电。他通过多次磁产生电的实验，于 1831 年提出了著名的电磁感应定律，并根据这一定律发明了世界上第一台发电装置。同样，在数学教学过程中，当学生经过努力从正向理解了某个概念、定理、公式和法则之后，教师可以适时引导学生进行逆向思考。逆向思维可以带领学生跨进新的领域，当学生习惯的正向思维处于"山重水复"的困境时，逆向思维往往会带来"柳暗花明"的效果。当然，根据可接受性原则，培养学生的逆向思维必须量力而行，不可拔苗助长。需要引起重视的是，培养逆向思维过程中，学生首先必须要具有扎实的基础知识和大量的知识储备，在此基础上才能从事物的不同方向去联系、思考问题。

在教学实践过程中，教师应有意识地培养学生包括质疑、类比、逆向等在内的多种数学思维方法，让学生尝试使用各种方法解决问题，使思考成为学习的习惯。

参考文献：

［1］胡凤娟，吕世虎，张思明，王尚志.《普通高中数学课程标准（2017年版）》突破与改进［J］. 人民教育，2018（9）：56-59.

［2］章建跃. 树立课程意识，落实核心素养［J］. 数学通报，2016，55（5）：1-4，14.

［3］廖辉辉，史宁中，朱丹红. 数学基本思想、核心素养的内涵及教学［J］. 福建教育，2016（Z6）：94-96.

［4］赵思林. 数学核心素养的培养策略［J］. 数学通报，2019，58（5）：28-32.

第三章

数学学科核心素养的评与考

立足核心素养，弘扬数学文化

——数学文化在 2018 年高考试题中的渗透

陈熙春[①]

一、增强文化浸润，体现育人导向

数学文化体现了数学的人文价值和科学价值，在培养学生数学核心素养的教育中扮演着至关重要的角色。为了提升学生核心素养，《普通高中数学课程标准（2017 年版）》强调"数学文化是贯穿整个高中数学课程的重要内容"。高考，无疑是贯彻落实"标准"最强劲的驱动力。2018 年高考数学命题严格依据考试大纲，在突出能力考查的同时，重视渗透数学文化，强化中华优秀传统文化的考核内容，凸显了数学的科学与人文价值。"依托数学史料，嵌入数学名题，彰显数学文化"是 2018 年数学试题的一大特色，发挥春风化雨、润物无声的作用，是 2018 年高考试题的明显特征。

2018 年高考数学文化试题体现了科学与人文兼顾的精神，贯彻高考内容改革的要求，将高考内容和素质教育要求有机结合，把"立德树人"作为命题的

---

① 陈熙春，宁夏六盘山高级中学教师。

出发点和落脚点，强化素养导向，助推素质教育发展，是对数学核心素养的有力彰显，是践行社会主义核心价值观、弘扬中华优秀传统文化的具体体现，有利于引导中学数学教学更加注重思想性、文化性和灵活性，有利于实现全面提升和培养学生的数学素养，充分发挥高考命题的育人功能和积极导向作用。

二、渗透数学文化的2018年高考试题评析

例1（2018年理科数学全国Ⅰ卷 第10题）下图来自古希腊数学家希波克拉底所研究的几何图形，此图由三个半圆构成，三个半圆的直径分别为直角三角形ABC的斜边BC，直角边AB，AC。△ABC的三边所围成的区域记为Ⅰ，黑色部分记为Ⅱ，其余部分记为Ⅲ。在整个图形中随机取一点，此点取自Ⅰ，Ⅱ，Ⅲ的概率分别记为p_1，p_2，p_3，则（　　）。

A. $p_1 = p_2$　　B. $p_1 = p_3$　　C. $p_2 = p_3$　　D. $p_1 = p_2 + p_3$

此题采用了图论知识范畴，以古希腊数学家希波克拉底在研究"化圆为方"问题时曾研究过的图形为背景，设计了一个几何概型问题，蕴含了丰富的数学美，引导考生了解数学发展的历史，热爱数学文化，关注几何之美。命题者注意到了数学文化的美学价值，不仅考查了概率知识，而且给学生以数学知识美的体验和熏陶。此题的源头是勾股定理，为我们揭示了数学与西方文化的历史渊源，在弘扬中华优秀传统文化的同时，注意吸收世界数学文化的精髓，引导学生胸怀祖国、放眼世界。

例2（2018年理科数学全国Ⅱ卷 第8题）我国数学家陈景润在哥德巴赫猜想的研究中取得了世界领先的成果。哥德巴赫猜想是"每个大于2的偶数可以表示为两个素数的和"，如$30 = 7 + 23$。在不超过30的素数中，随机选取两个不同的数，其和等于30的概率是（　　）。

A. $\dfrac{1}{12}$　　B. $\dfrac{1}{14}$　　C. $\dfrac{1}{15}$　　D. $\dfrac{1}{18}$

此题采用了数论知识范畴，以陈景润在哥德巴赫猜想研究中的成果作为命题载体，把古典概率找满足条件的素数的考查融入试题，考查的是古典概率的计算，同时也体现了素数对自然数形式的对称美。此题需要学生对基础知识概念准确把握，符合数学知识的脉络性，能很好地解决知识面窄的问题，引导考生多方面、深层次地理解数学不仅是数学知识，更是一种文化，既让学生感受到数学思维的魅力，又了解了数学家不懈探究的精神，有利于学生进一步向高等数学的王国攀登，体现出数学文化的科学价值，对学生的成长是一种激励和引领。同时，也彰显价值导向，以数学家的故事为背景命制考题，是对创新精神、数学精神的一种传承。

例3（2018年文理科数学全国Ⅲ卷 第3题）中国古建筑借助榫卯将木构件连接起来，构件的凸出部分叫榫头，凹进部分叫卯眼，图中木构件右边的小长方体是榫头。若如图摆放的木构件与某一带卯眼的木构件咬合成长方体，则咬合时带卯眼的木构件的俯视图可以是（ ）。

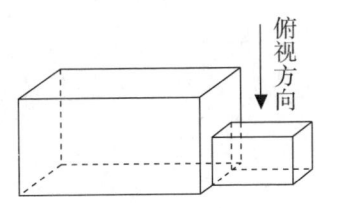

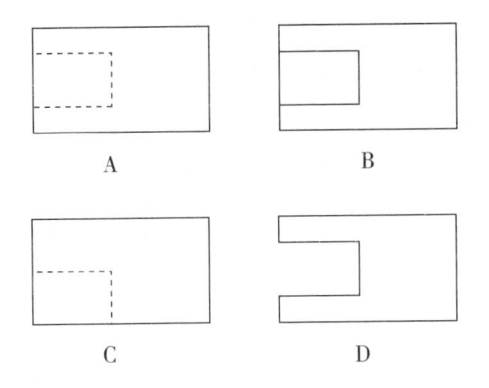

此题以优秀的中华木土文化为背景，以榫卯为载体，从更高的要求和不同的角度考查考生的空间想象能力和空间图形转化能力，真可谓"横看成岭侧成峰，远近高低各不同"。以这个背景设计考题，不仅展示了数学与自然和生活的联系，更体现出数学的和谐美与奇异美，可以使考生了解中华民族传统文化的博大精深，弘扬中华优秀传统文化，增强爱国情怀。命题者注重从生产生活实际中选取素材，反映数学在生产生活中的应用，体现数学与人类实践生活密切的联系，彰显数学的文化价值。

例4（2018年北京卷 文科数学第5题、理科数学 第4题）"十二平均律"是通用的音律体系，明代朱载堉最早用数学方法计算出半音比例，为这个理论的发展做出了重要贡献。十二平均律将一个纯八度音程分成十二份，依次得到十三个单音，从第二个单音起，每一个单音的频率与它的前一个单音的频率的比都等于$\sqrt[12]{2}$。若第一个单音的频率为f，则第八个单音的频率为（　　）。

A. $\sqrt[3]{2}f$ B. $\sqrt[3]{2^2}f$ C. $\sqrt[12]{2^5}f$ D. $\sqrt[12]{2^7}f$

此题从我国古代名人朱载堉发明以珠算开方的办法求得律制上的等比数列为背景引入试题，考查等比数列基本量的计算、跨学科融合考查学生素养是本题的一大亮点，其背景素材蕴含的数学文化内容还具有培养非智力方面的教育价值。朱载堉的创造是对世界科学文化的一个卓越的贡献。"十二平均律"在交响乐队和键盘乐器中得到广泛使用，钢琴即根据十二平均律来定音。这道题将数学与音乐完美地结合，是2018年数学文化命题的创新之处。试题关注社会的需求和数学的发展，体现数学的美学价值和数学在生活中的应用价值，让学生感受我国古代数学的伟大成就，激发学生的学习热情，培养学生的爱国主义情操，增强其民族自豪感。

例5（2018年高考数学浙江卷 第11题）我国古代数学著作《张邱建算经》中记载百鸡问题："今有鸡翁一，值钱五；鸡母一，值钱三；鸡雏三，值钱一。凡百钱，买鸡百只，问鸡翁、母、雏各几何？"设鸡翁、鸡母、鸡雏的个数分别为x，y，z，则 $\begin{cases} x+y+z=100, \\ 5x+3y+\dfrac{1}{3}z=100, \end{cases}$ 当$z=81$时，$x=$ ＿＿＿，$y=$ ＿＿＿。

此题以著名的"百鸡问题"为背景，借助数学名题考查数学思想方法，有助于考生接受数学文化的熏陶，领略数学思想和方法的魅力，渗透"数学回归生活"的理念。"百鸡问题"出自中国古代的《张邱建算经》，是原书卷下第38题，也是全书的最后一题，该问题涉及三元不定方程组，其重要之处在于开创"一问多答"的先例。百鸡问题还有多种表达形式，如百僧吃百馒，百钱买百禽等。这道题素材新颖，贴近生活，趣味性强，理论联系实际，强调数学应用，彰显了数学文化的魅力，既可以引导学生理解数学、培养其学习数学的兴趣，也可以让学生感受数学家的崇高品质以及探究解决数学问题的过程，潜移默化地增强学生的爱国主义情感。引导学生关心日常生活、生产活动中蕴含的实际问题，感悟数学的应用价值，是高考注重理论联系实际的重要方面。相比人人皆知的《水浒传》《三国演义》等文学名著，《张邱建算经》则显得默默无闻，以数学名著为素材命制考题，有利于名著走进寻常百姓家。

例6（2018年高考数学上海卷 第15题）《九章算术》中，称底面为矩形而有一侧棱垂直于底面的四棱锥为阳马。设 AA_1 是正六棱柱的一条侧棱，如图，若阳马以该正六棱柱的顶点为顶点、以 AA_1 为底面矩形的一边，则这样的阳马的个数是（　　）。

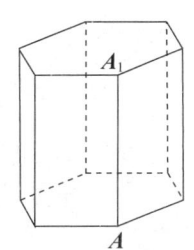

A. 4　　　B. 8　　　C. 12　　　D. 16

此题源于《九章算术》，将古代文化"阳马"和现代教育元素"正六棱柱"相结合，以《选修2－1》第109页例4为源进行有机整合，巧妙嫁接，经典设问，为考生呈现了和谐优美的考题，考查了空间点、直线、面的位置关系，空间想象能力以及学生对传统文化的深层理解及认识能力。试题通过精心选材，将数学知识与价值导向紧密结合，以中华优秀传统文化作为试卷的鲜明底色，引导学生潜移默化地接受文化浸润。

三、对数学课堂教学的启示

随着新课改的不断深入，数学文化已经进入课标与教材，正悄然滋润着高考试题，数学课堂也悄悄地融入了数学文化，这样定会引领教师自觉接受数学文化的熏陶，把数学文化渗透到日常教学中，"润物细无声"般让学生在潜移默化中受到数学文化的熏陶。那么，如何在教学中更好地渗透数学文化呢？

（一）贯穿课堂内外，感悟生活蕴藏数学

将数学知识置于数学文化的视角，课堂就会变得更加自然。在日常教学中，教师要善于发掘教材与生活中的数学文化，将其作为课堂线索体现在教学中，引导学生沿着数学文化的脉络，在生活化的学习情境中探究、体验或欣赏隐藏于其中的数学，循序渐进地走入数学知识殿堂，用现实生活素材理解数学，将所学的数学内容应用于现实生活，在生活场景中实现"数学化"。

（二）激发学习兴趣，彰显数学文化价值

数学文化可以有效地提升学生学习数学的兴趣，以培养数学核心素养为目的的数学教学更需要数学文化的融入。在教学中要做到数学知识和数学文化的和谐融合，一方面要体现数学文化的知识体系，凸显知识的本质，重视数学思想方法的渗透；另一方面要关注知识的背景，体现知识的应用以及知识与社会实际的联系。

（三）营造数学文化氛围

教师在教学中要加强多学科融合、多途径引导。引导学生利用网络、图书馆查找资料等多种方式建立数学资源库，使学生多方面、深层次地理解数学不仅仅是数学知识，更是一种文化；在其中既感受到数学思维的魅力，了解到数学发展的历史，同时数学家的成长故事也可对学生产生一种激励。

参考文献：

[1] 张小华. 弘扬数学文化的若干尝试［J］. 中学数学研究（华南师范大学版），2016（11）：11–13.

[2] 顾沛. 数学文化［M］. 北京：高等教育出版社，2008.

渗透统计推断思想，增强数据分析素养

——对 2018 年文、理科数学全国 II 卷第 18 题的一些思考

张晓斌[①]　艾　嵩[②]　李　容[③]

综观 2018 年高考，文、理科数学全国 II 卷试题以"立德树人、服务选才、引导教学"作为高考的核心功能，体现了"必备知识、关键能力、学科素养、核心价值"四层考查目标以及"基础性、综合性、应用性、创新性"四个方面的考查要求[1]。全卷以知识为载体，以思维为核心，考查学生的数学核心素养，充分体现了数学学科特点。2018 年试题在考查数学知识的同时，也加强了在数学应用和数学文化方面的考查力度，如理科数学全国 II 卷选择题第 8 题，以我国数学家陈景润在哥德巴赫猜想的研究中取得世界领先成果为背景，命制了一道古典概率计算题，使考生从中感受到我国数学成就在全世界的地位和作用，增强为国争光的意识和民族自豪感；文、理科数学全国 II 卷第 18 题以环境基础设施投资额为背景，设计的问题有很强的现实意义，涉及如何合理建立数学模型以及如何利用数学模型解决实际问题，充分体现数学知识在生活中的应用。现就第 18 题做具体分析。

一、试题与答案呈现

（2018 年文、理科数学全国II卷第 18 题）下图是某地区 2000 年至 2016 年环境基础设施投资额 y（单位：亿元）的折线图（图 1）。为了预测该地区 2018 年的环境基础设施投资额，建立了 y 与时间变量 t 的两个线性回归模型。根据 2000 至 2016 年的数据（时间变量 t 的值依次为 1，2，…，17）建立模型①：$\hat{y} = -30.4 + 13.5t$；根据 2010 年至 2016 年的数据（时间变量 t 的值依次为 1，2，…，7）建立模型②：$\hat{y} = 99 + 17.5t$。

（1）分别利用这两个模型，求该地区 2018 年的环境基础设施投资额的预

[①] 张晓斌，重庆市教育科学研究院中学数学教研员。
[②] 艾嵩，重庆市涪陵区第五中学校高级教师。
[③] 李容，重庆市涪陵区第五中学校高级教师。

测值;

(2) 你认为用哪个模型得到的预测值更可靠？并说明理由。

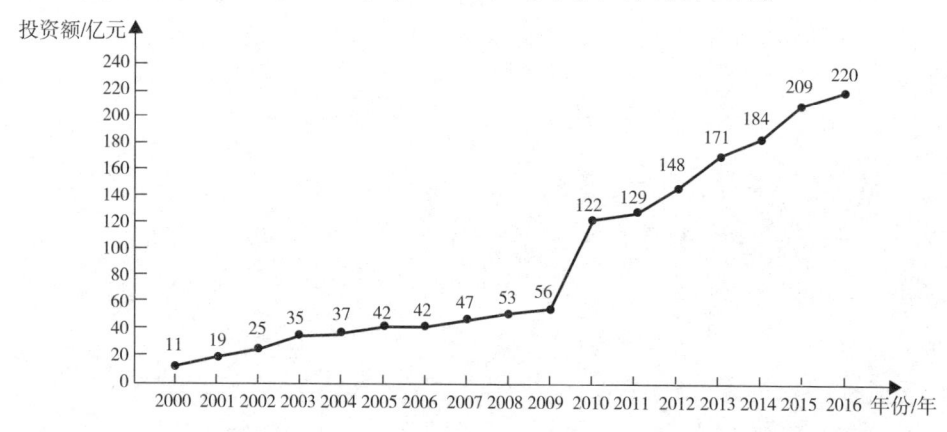

图1

解：(1) 利用模型①，该地区 2018 年的环境基础设施投资额的预测值为

$\hat{y} = -30.4 + 13.5 \times 19 = 226.1$（亿元）；

利用模型②，该地区 2018 年的环境基础设施投资额的预测值为

$\hat{y} = 99 + 17.5 \times 9 = 256.5$（亿元）。

(2) 利用模型②得到的预测值更可靠。

理由如下：

从折线图可以看出，2000 年至 2016 年的数据对应的点没有随机散布在直线 $\hat{y} = -30.4 + 13.5t$ 上下，这说明利用 2000 年至 2016 年的数据建立的线性模型①不能很好地描述环境基础设施投资额的变化趋势。

2010 年相对 2009 年的环境基础设施投资额有明显增加，2010 年至 2016 年的数据对应的点位于一条直线的附近，这说明从 2010 年开始环境基础设施投资额的变化呈线性增长趋势，利用 2010 年至 2016 年的数据建立的线性模型 $\hat{y} = 99 + 17.5t$ 可以较好地描述 2010 年以后的环境基础设施投资额的变化趋势，因此利用模型②得到的预测值更可靠。

从计算结果看，相对于 2016 年的环境基础设施投资额 220 亿元，由模型①得到的预测值 226.1 亿元的增幅明显偏低，而利用模型②得到的预测值的增幅比较合理，说明利用模型②得到的预测值更可靠。

以上给出了两种理由，考生答出其中任意一种或其他合理理由均可得分。

二、考生错误与剖析

考生在解答第（1）题时，主要出现以下典型错误。

第一，没有读懂题意。如求 2018 年预测值时，时间变量 t 的取值发生错误，有取 18 及 8 的，有取 19 及 9 的。

第二，没有看清题目要求。如考生分别求出两个模型 2018 年预测值后，画蛇添足对两个预测值求了平均数。

第三，受精确数学的影响。如利用模型①求 2018 年预测值时，求出了 $t=1, t=2, \cdots, t=19$ 的所有的值，利用模型②求 2018 年预测值时，求出了 $t=1, t=2, \cdots, t=9$ 的所有的值。

考生在解答第（2）题时，主要出现以下典型错误。

第一，考生选择模型①得到的预测值更可靠，出现的错误有：2000 年至 2016 年数据较多，2010 年至 2016 年数据较少；2009 年至 2010 年数据有突变，模型①包含突变过程，模型②没有包含突变数据，预测值偏高；在模型①中，变量取部分值，如 $t=11$，$t=12$ 计算出投资额分别为 118.1 及 131.6，在模型②中对应取 $t=1$，$t=2$ 时投资额分别为 116.5 及 134，故认为模型①算出的预测值更靠近折线图中的数值。这些都说明考生读题识图的能力欠佳，更缺乏大数据统计思想，统计推断意识不强。

第二，考生选择模型②得到的预测值更可靠，出现的错误有：未提及 2009 年至 2010 年数据突变；用均值与方差进行判断；用相关系数进行判断；通过部分取值计算出投资额与折线图中的数值并进行比较；未提及 2000 年至 2016 年及 2010 年至 2016 年折线图的趋势不同；只说明选择的模型②随时间的增长而增长，未进行分段比较。这些都说明考生思维的严谨性、对题干的判断力和数学语言的表达有待提高。

第三，审题不准，数学思维惯性推动。如对题目中"为了预测该地区 2018 年的环境基础设施投资额"一句视而不见，人为分段讨论，即依据 2000 年至 2009 年的预测值（实际上也不能算预测）应选择模型①，依据 2010 年后的预测值应选择模型②。

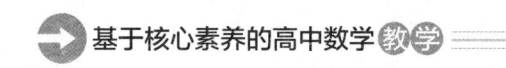

三、考题特点与价值

本题以环境基础设施投资额为背景，设计的问题具有很强的现实意义，题目设计为开放题，知识背景是线性回归统计问题，直接绕开了学生头疼的分布列，充分体现数学知识在生活中的应用，考查学生的数据分析和数学建模能力，突出如何合理建立数学模型与如何利用数学模型解决实际问题以及对统计推断思想的考查。难度适中，注重基础，题目新颖，灵活多变。

印度著名数学家、统计学家 C. R. 劳说："在最终的分析中，所有知识皆为历史；在抽象的意义下，所有科学皆为数学；在理性的世界里，所有判断皆为统计"[2]，这几句话高度概括了数学及统计学的重要作用。而本题重在考查统计思想，所谓统计思想就是对统计知识和方法的本质认识，是对其规律的理性概括和认知。要全面提高学生的数学素质，形成创新思维能力，掌握科学的学习方法，就必须紧紧抓住数学思想和方法的教育及培养这一重要环节。在中学数学课标、教材中，回归分析主要研究的内容：（1）从一组数据出发，确定这些变量（参数）之间的定量关系，所得到的表达式称为回归方程；（2）对求得的回归方程的可信度进行检验；（3）在有关的许多变量中，判断变量的显著性，即哪些是显著的，哪些是不显著的，显著的保留，不显著的忽略；（4）利用所求得的回归方程进行预测和控制。回归分析和残差分析是探究和处理相关关系的两个重要分支，其中回归分析方法是预测方面最常用的数学方法，它利用统计数据来确定变量之间的关系，并且依据这种关系预测未来的发展趋势。只有理解了统计思想，才能真正地掌握统计推断的精髓，在实际应用中举一反三，从而培养学生的创新意识和探究能力。更重要的是通过教学培养学生利用数学思想解决问题的思维方法，培养其应用意识和创新能力。只有在教学时理解这些内容，才可以使学生清晰准确地把握概念，增强学生对统计的感性认识，进而加深对概念的理性认识，优化知识接受的衔接过程，体会一个学科知识体系建立的严谨性、辩证性和复杂性，从而培养学生严密的逻辑思维，发展其创新意识，培养其睿智和实事求是的人格。

本题另一突出特点：题目设计开放，全面启迪学生思维，让学生读懂题意，理清问题本质，大胆作答，考查学生利用统计语言表述，清楚模型选择的合理性等情况；考查学生的数据分析、数学建模和逻辑推理等数学核心素养；本题设计意图明显，命题者大胆创新设计，是2018年全国Ⅱ卷的一道亮点题。

四、教学启示与思考

教学中那种只重视讲授表层知识，而不注重渗透数学思想与方法的教学，不利于学生对所学知识的真正理解和掌握，学生的知识水平和能力水平难以提高；反之，如果单纯强调数学思想和方法，而忽略数学知识的教学，就会使教学流于形式，成为无源之水、无本之木，学生也难以领略深层知识的真谛。因此，统计思想的教学应与整个统计知识的讲授融为一体，教师要正确处理知识和能力的关系，精心组织课堂教学，充分发挥学生的主体作用和教师的主导作用。在教学中要注重教材中每个知识点和每个统计用语的全面学习，要强化用已学过的统计知识表达数据、整理数据以及对数据分析的教学，加强对概率统计问题的审题指导等。

总之，在概率与统计教学中培养学生的数学能力、学习方法、逻辑思维能力、创造能力和社会实践能力是该学科教学的重要目标，也是时代发展对概率与统计教学提出的要求。我们应根据时代的需要，大力推进概率与统计教材、教法的改革。教师必须转变教育观念，练好教学基本功，实现概率与统计教学现代化、国际化和大数据化；坚持不懈地进行数学教育教学的改革和创新，努力培养学生的数学核心素养，进一步落实立德树人根本任务。可以说，2018年全国Ⅱ卷解答题第18题是命题者匠心独具的得力之作，渗透新课标理念，设问开放新颖，已朝着导向数学核心素养的方向迈出了可喜的一步，为今后的中学数学教学指明了方向。

参考文献：

[1] 教育部考试中心. 2018年普通高等学校招生全国统一考试大纲（理科）[M]. 北京：高等教育出版社，2017（11）：1.

[2] C. R. 劳. 统计与真理 [M]. 北京：科学出版社，2004（7）：序.

直观想象视角下的 2019 年高考数学试题研究

李昌官[①]

一、直观想象的含义

《普通高中数学课程标准（2017年版）》（以下简称"课程标准"）指出："直观想象是指借助几何直观和空间想象感知事物的形态与变化，利用空间形式特别是图形，理解和解决数学问题的素养。主要包括：借助空间形式认识事物的位置关系、形态变化与运动规律；利用图形描述、分析数学问题；建立数与形的联系，构建数学问题的直观模型，探索解决问题的思路。"

从内涵角度看，直观想象包括"几何直观"与"空间想象"两部分。从思维角度看，直观想象是通过构建数学问题的直观模型，在观察、分析直观模型的基础上，对事物的空间形式特别是图形进行进一步的想象，把握其位置关系、形态变化与运动规律。从素养角度看，直观想象是运用几何直观和空间想象提出问题、思考问题、解决问题、把握事物本质的意识与能力。

二、2019 年高考数学对直观想象的考查

2019 年高考数学命题比较好地贯彻和落实了课程标准的要求，对直观想象素养的考查更是全面而充分。除了立体几何、解析几何试题很好地考查了直观想象外，函数、向量等方面的试题也有效地考查了直观想象。

（一）构建数学问题的直观模型

"数"与"形"具有内在的一致性。构建数学问题直观模型的意识与能力是直观想象的重要组成部分。对于一些简单的数学问题，如果能建立其直观模型，问题往往迎刃而解。

例 1（2019 年高考理科数学全国Ⅰ卷第 7 题）：已知非零向量 a，b 满足

[①] 李昌官，浙江省台州市教育教学研究院书记，正高级教师。

$|a|=2|b|$,且 $(a-b) \perp b$,则 a 与 b 的夹角为（　　）。

A. $\dfrac{\pi}{6}$ B. $\dfrac{\pi}{3}$ C. $\dfrac{2\pi}{3}$ D. $\dfrac{5\pi}{6}$

分析：此题条件简洁明了，内涵比较丰富，能较好地考查学生向量模、向量垂直、向量的数量积等概念，向量加法的三角形法则，以及空间想象能力。学生若能根据已知条件建立直观模型（图1），则能很快得到结果 B。

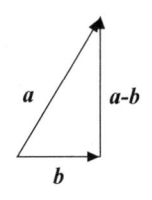

图1

需要注意的是，不仅审题和识别问题时需要直观模型，许多问题在解决过程中也需要直观模型，或者已经有直观模型的需要建立更好的直观模型。

例2（2019年高考理科数学全国Ⅰ卷第12题）：已知三棱锥 $P-ABC$ 的四个顶点在球 O 的球面上，$PA=PB=PC$，$\triangle ABC$ 是边长为2的正三角形，E、F 分别是 PA，AB 的中点，$\angle CEF=90°$，则球 O 的体积为（　　）。

A. $8\sqrt{6}\pi$ B. $4\sqrt{6}\pi$ C. $2\sqrt{6}\pi$ D. $\sqrt{6}\pi$

分析：要求球的体积，应先求它的半径；要求球的半径，需先求 PA 的长。学生在根据条件求得 $PA=PB=PC=\sqrt{2}$ 后，就应意识到 P、A、B、C 是边长为2的正方体的4个顶点，进而建立更好的直观模型。

（二）利用几何直观形成论证思路

史宁中教授曾指出："在大多数的情况下，数学的结果是'看'出来的而不是'证'出来的。"[1] "看"是一种直觉判断能力，"能否想到看""看什么""如何看"对数学问题的解决至关重要。

例3（2019年高考理科数学全国Ⅱ卷第12题）：设函数 $f(x)$ 的定义域为 $\mathbf{R}$，满足 $f(x+1)=2f(x)$，且当 $x\in(0,1]$ 时，$f(x)=x(x-1)$。若对任意 $x\in(-\infty, m]$，都有 $f(x)\geq -\dfrac{8}{9}$，则 m 的取值范围是（　　）。

A. $\left(-\infty, \dfrac{9}{4}\right]$ B. $\left(-\infty, \dfrac{7}{3}\right]$ C. $\left(-\infty, \dfrac{5}{2}\right]$ D. $\left(-\infty, \dfrac{8}{3}\right]$

分析：此题能较好地考查学生关于函数概念、函数与不等式的关系，以及建立几何模型和借助几何模型解决问题的能力。由 $f(x+1)=2f(x)$ 可知，$f(x)$ 的图象每向右平移 1 个单位，图象上点的纵坐标扩大为原来的 2 倍。由 $x\in(0,1]$ 时，$f(x)=x(x-1)=(x-\frac{1}{2})^2-\frac{1}{4}\in[-\frac{1}{4},0]$ 知，$x\in(1,2]$ 时，$f(x)\in[-\frac{1}{2},0]$；$x\in(2,3]$ 时，$f(x)\in[-1,0]$，故 $m\in(2,3]$（图2）。由 $m\in(2,3]$ 时，$f(m)=4(m-2)[(m-2)-1]=-\frac{8}{9}$，得 $m=\frac{7}{3}$ 或 $\frac{8}{3}$。又 $f(\frac{5}{2})=-1$，结合图2，选 B。

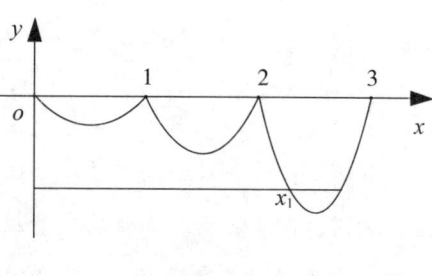

图2

此题思维的难点与关键在于如何把握图形的变化规律及图形背后所蕴含的数量关系，是借助几何直观形成解题思路。

例4（2019年高考数学江苏卷第14题）：设 $f(x)$，$g(x)$ 是定义在 **R** 上的两个周期函数，$f(x)$ 的周期为 4，$g(x)$ 的周期为 2，且 $f(x)$ 是奇函数。当 $x\in(0,2]$ 时，$f(x)=\sqrt{1-(x-1)^2}$，$g(x)=\begin{cases}k(x+2),&0<x\leq 1\\-\frac{1}{2},&1<x\leq 2\end{cases}$，其中 $k>0$。若在区间 $(0,9]$ 上，关于 x 的方程 $f(x)=g(x)$ 有 8 个不同的实数根，则 k 的取值范围是____。

分析：此题能较好地考查学生关于周期函数、分段函数等概念，以及建构几何模型和借助几何模型解决问题的能力。由于此题是关于方程根的个数问题而不是根的大小问题，并且从方程 $f(x)=g(x)$ 有 8 个不同的实数根可知，单纯从"数"的视角考虑可能难以解决问题，应先从"形"的视角搞清楚方程根的大致分布情况。由 $f(x)=\sqrt{1-(x-1)^2}$（$x\in(0,2]$），可得 $(x-1)^2+y^2=1$（$y>0$）。由 $f(x)$ 是奇函数且它的周期为 4，得知它在区间 $(0,9]$ 上的图象如图3所示。由题意，$f(x)$ 与 $g(x)$ 的图象有 8 个交点，而 $x\in(1,2]\cup(3,4]\cup(5,6]\cup(7,8]$ 时，$f(x)$ 与 $g(x)$ 的图象有且只有 2 个交点。由 $k>0$，直线 $y=k(x+2)$ 过点 $A(-2,0)$，$x\in(2,3]\cup(6,7]$ 时，$f(x)$ 与 $g(x)$ 的图象无交点，因此 $x\in(0,1]\cup(4,5]\cup$

$(8,9]$时，$f(x)$与$g(x)$的图象有6个交点。由$f(x)$与$g(x)$的周期性知，$x \in (0,1]$时，$f(x)$与$g(x)$的图象有2个交点，即线段$y = k(x+2)$ $(0 < x \leq 1)$与圆弧$(x-1)^2 + y^2 = 1$ $(0 < x \leq 1, y \geq 0)$有2个交点。因此点$(1,0)$到直线$y = k(x+2)$的距离小于1，且$g(1) \geq f(1)$，解得$\dfrac{1}{3} < k < \dfrac{\sqrt{2}}{4}$。

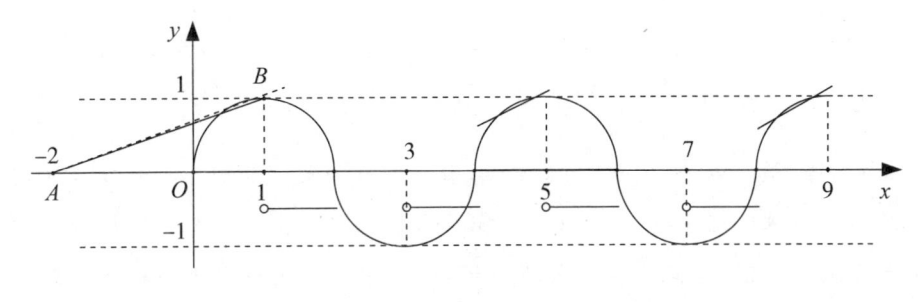

图3

此题的难点在于如何利用已知条件建立几何直观和利用几何直观形成解题思路，是如何通过"看"寻找解题思维的突破口。搞清楚了$f(x)$与$g(x)$图象之间的关系，具体运算只是小事一桩。

（三）利用几何直观猜想初步结论

在证明一个数学定理之前，先猜测这个定理的内容，在完全作出详细证明之前，先推测证明的思路，这是数学解决问题的常用之道。[2]而几何直观是形成证明思路、提出猜想的重要基础。

例5（2019年高考数学上海卷第12题）：已知$f(x) = \left| \dfrac{2}{x-1} - a \right|$ $(x > 1, a > 0)$，$f(x)$与x轴交点为A，若对于$f(x)$图象上任意一点P，在其图象上总存在另一点Q（P、Q异于A），满足$AP \perp AQ$，且$|AP| = |AQ|$，则$a = $_____。

分析：由于此题涉及的图形位置关系较为复杂，因此宜在搞清楚图形及其内在关系的基础上，形成清晰的解题思路。

思路1：由点A在x轴上，$AP \perp AQ$，且$|AP| = |AQ|$，为了更好地揭示图形所蕴含的数量关系，可考虑建构两个相应的直角三角形（图4）。

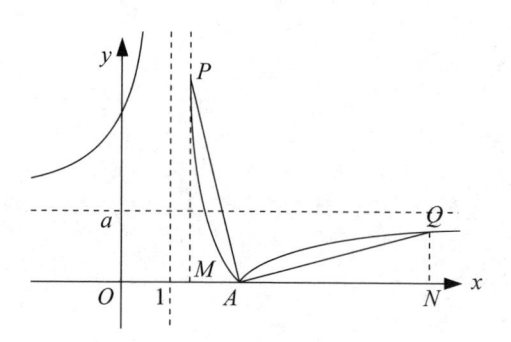

图4

解法1：由 $y = 0$，可得 $A\left(1+\dfrac{2}{a}, 0\right)$。设 $x_P \in \left(1, 1+\dfrac{2}{a}\right)$，$x_Q \in \left(1+\dfrac{2}{a}, +\infty\right)$。作 $PM \perp x$ 轴，$QN \perp x$ 轴，M、N 为垂足（图4）。由 $AP \perp AQ$，$|AP| = |AQ|$ 知，$\triangle APM \cong \triangle QAN$，所以 $|AM| = |QN|$。由于点 P 是 $f(x)$ 图象上的任意一点，当点 P 无限接近渐近线 $x = 1$ 时，点 Q 也无限接近渐近线 $y = a$，此时 $|AM|$ 无限趋近于 $1 + \dfrac{2}{a} - 1$，即 $\dfrac{2}{a}$，$|QN|$ 无限趋近于 a，故 $\dfrac{2}{a} = a$，所以 $a = \sqrt{2}$。

思路2：如果说解法1依靠直观想象得出结论不够严谨，那么可在思路1的基础上，利用 $AP \perp AQ$，且 $|AP| = |AQ|$，建立点 P、Q 坐标之间的关系，然后由点 P 的任意性，求出 a 的值。

解法2：设 $P(x_1, y_1)$，$A(x_A, 0)$，$Q(x_2, y_2)$，$x_1 < x_A < x_2$，易得点 $A\left(\dfrac{2}{a}+1, 0\right)$。

如图4，由已知可得 $\triangle APM \cong \triangle QAN$，所以 $|PM| = |AN|$，$|AM| = |QN|$，进而有 $Q\left(\dfrac{2}{a}+1+y_1, \dfrac{2}{a}+1-x_1\right)$。又点 P、Q 在 $f(x)$ 的图象上，所以

$$\begin{cases} \dfrac{2}{x_1 - 1} - a = y_1 & \text{①} \\ \dfrac{2}{\dfrac{2}{a}+1+y_1-1} - a = x_1 - \left(\dfrac{2}{x}+1\right) & \text{②} \end{cases}$$

由①式，有 $2 - ax_1 + a = y_1 x_1 - y_1$，所以

$$x_1y_1 = 2 + a + y_1 - ax_1 \quad ③$$

由②式有，$2 - a\left(\dfrac{2}{a} + y_1\right) = x_1\left(\dfrac{2}{a} + y_1\right) - \left(\dfrac{2}{a} + 1\right)\left(\dfrac{2}{a} + y_1\right)$。

即

$$x_1y_1 + \dfrac{2}{a}x_1 - \left(\dfrac{2}{a} + 1 - a\right)y_1 - \left(\dfrac{4}{a^2} + \dfrac{2}{a}\right) = 0 \quad ④$$

将③式带入④，得

$$2 + a + y_1 - ax_1 + \dfrac{2}{a}x_1 - \left(\dfrac{2}{a} + 1 - a\right)y_1 - \left(\dfrac{4}{a^2} + \dfrac{2}{a}\right) = 0,$$

即 $\left(2 + a - \dfrac{4}{a^2} - \dfrac{2}{a}\right) + \left(\dfrac{2}{a} - a\right)x_1 - \left(\dfrac{2}{a} - a\right)y_1 = 0$ 对任意的 x_1，y_1 恒成立。

所以 $\begin{cases} 2 + a - \dfrac{4}{a^2} - \dfrac{2}{a} = 0 \\ \dfrac{2}{a} - a = 0 \end{cases}$ $(a > 0)$ 解得 $a = \sqrt{2}$。

思路3：因为直线 $y = a$ 与函数 $f(x)$ 的图象在区间 $(1, x_A)$ 有交点，可设其交点为 P，由于 P 的任意性，则 $P\left(1 + \dfrac{1}{a}, a\right)$。再根据已知条件求出 Q 点坐标，代入函数解析式即可求得 a 的值。

解法3：由 $f(x) = \left|\dfrac{2}{x-1} - a\right| = 0$，解得 $x = 1 + \dfrac{2}{a}$，则 $A\left(1 + \dfrac{2}{a}, 0\right)$。取 $P\left(1 + \dfrac{1}{a}, a\right)$，则 $\overrightarrow{AP} = \left(-\dfrac{1}{a}, a\right)$，因为 A、P、Q 满足 $AP \perp AQ$，且 $|AP| = |AQ|$，则 $\overrightarrow{AQ} = \left(a, \dfrac{1}{a}\right)$，所以 $Q\left(1 + \dfrac{2}{a} + a, \dfrac{1}{a}\right)$。又点 Q 在 $f(x) = \left|\dfrac{2}{x-1} - a\right|$ 图象上（图4），故 $\left|\dfrac{2}{1 + \dfrac{2}{a} + a - 1} - a\right| = \dfrac{1}{a}$，$\left|\dfrac{2a}{a^2 + 2} - a\right| = \dfrac{1}{a}$，$a - \dfrac{2a}{a^2 + 2} = \dfrac{1}{a}$，$(a^2 + 1)(a^2 - 2) = 0$，所以 $a^2 = 2$，$a = \sqrt{2}$。

以上三种解法不同程度地利用了几何直观，但还没有很好地抓住问题的本质与方法的本质，因此运算量均比较大。基于几何直观和问题本质，可形成如下思路与解法。

思路4：利用函数图象内在的轴对称性和旋转对称性求解。

解法4：函数$g(x)=\dfrac{2}{x-1}$图象既是以点$(1,0)$为中心的中心对称图形，也是以直线$y=x-1$为对称轴的轴对称图形；$h(x)=\dfrac{2}{x-1}-a$ $(x>1)$图象是以直线$y=x-1-a$为对称轴的轴对称图形，且$h(x)$图象与其对称轴的交点为$(\sqrt{2}+1,\sqrt{2}-a)$。由于$f(x)$图象是由$h(x)$的图象演变而来的，且对$f(x)$图象上任意一点P，在其图象上总存在另一点Q，满足$AP\perp AQ$，$|AP|=|AQ|$，因此曲线AQ以点P为中心逆时针旋转$90°$后与曲线AP完全重合（图4）。考虑到曲线AQ是由$h(x)$的图象在x轴下方部分翻折而来，由几何直观与$h(x)=\dfrac{2}{x-1}-a$图象是轴对称图形可知，点A就是$h(x)$图象与其对称轴的交点，因此$\sqrt{2}+1=1+\dfrac{2}{a}$，$a=\sqrt{2}$。

（四）利用空间想象形成解题思路

事物的本质往往隐藏在事物的背后，它不仅需要我们从整体上、直观上对其进行认识和把握，还需要给几何直观插上想象的翅膀。例5的思路4与解法4已经具有较强的空间想象性质。

例6（2019年高考数学上海卷第11题）：已知数列$\{a_n\}$满足$a_n<a_{n+1}$ $(n\in\mathbf{N}^*)$，若$P_n(n,a_n)$ $(n\geqslant 3)$均在双曲线$\dfrac{x^2}{6}-\dfrac{y^2}{2}=1$上，则$\lim\limits_{n\to\infty}|P_nP_{n+1}|=$ _____。

分析：由于点$P_n(n,a_n)$ $(n\geqslant 3)$均在双曲线$\dfrac{x^2}{6}-\dfrac{y^2}{2}=1$上，因此可先求数列$\{a_n\}$的通项公式，然后求$\lim\limits_{n\to\infty}|P_nP_{n+1}|$。但这样运算就比较复杂。如果想象到当$n\to\infty$时，点$P_n$、$P_{n+1}$都无限接近双曲线的渐近线$y=\dfrac{\sqrt{3}}{3}x$，并且这条渐近线的倾斜角为$\dfrac{\pi}{6}$，那么就会有$\lim\limits_{n\to\infty}|P_nP_{n+1}|=\dfrac{(n+1)-n}{\cos\dfrac{\pi}{6}}=\dfrac{2\sqrt{3}}{3}$。此题

的本质是从一个侧面揭示了双曲线的变化趋势与变化规律。

由例5、例6可知，在几何直观的基础上进行空间想象，进而把握问题的本质与方法的本质，对数学问题的解决至关重要。

（五）利用空间想象把握问题本质

非常有趣的是，2019年有三份高考数学卷都出现证明某个函数有且只有2个零点的问题。虽然它们所用到的证明思路和依据是相同的，但由于它们所对应的几何模型不同，因此在具体证明方法上有一定的差异。

例7 （2019年高考文科数学天津卷第20（Ⅱ）①题）：设函数 $f(x) = \ln x - a(x-1)e^x$，其中 $a \in \mathbf{R}$。若 $0 < a < \dfrac{1}{e}$，证明 $f(x)$ 恰有两个零点。

分析：函数 $f(x)$ 的定义域为 $(0, +\infty)$，并且当 x 足够小或足够大时，$f(x)$ 的值都小于0，因此要证明 $f(x)$ 恰有两个零点，只要找到一个 x_0，满足 $f(x_0) > 0$，在 $(0, x_0)$ 上，$f'(x) > 0$，且存在 m，使 $f(m) < 0$；在 $(x_0, +\infty)$ 上，$f'(x) < 0$，且存在 n，使 $f(n) < 0$。在这个证明过程中，头脑中形成如图5的曲线非常重要。

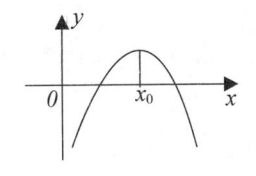

图5

例8 （2019年高考理科数学全国Ⅱ卷第20题）：已知函数 $f(x) = \ln x - \dfrac{x+1}{x-1}$。

（1）讨论 $f(x)$ 的单调性，并证明 $f(x)$ 有且仅有两个零点；

（2）设 x_0 是 $f(x)$ 的一个零点，证明曲线 $y = \ln x$ 在点 $A(x_0, \ln x_0)$ 处的切线也是曲线 $y = e^x$ 的切线。

分析：此题第（1）小题与例7很相似。所不同的是，它的定义域是不连续的。由 $f'(x) = \dfrac{1}{x} + \dfrac{1}{(x-1)^2} > 0$ 知，$f(x)$ 在区间 $(0, 1)$ 和 $(1, +\infty)$ 上都单调递增。由图6知，$f(x)$ 这两个区间上各有一个零点，图6为具体证明思路的形成提供了依据。第（2）小题要证明曲线 $y = \ln x$ 在点 A $(x_0, \ln x_0)$ 处的切线也是曲线 $y = e^x$ 的切线，只要证明存在 t，函数 $y = e^x$ 在 $x = t$ 处的导数刚好为曲线 $y = \ln x$ 在点 A $(x_0, \ln x_0)$ 处切线的斜率，且 (t, e^t) 刚好为切点。此时，可画出相应函数图象草图，也可在头脑中想象这两个函数的大致图象。

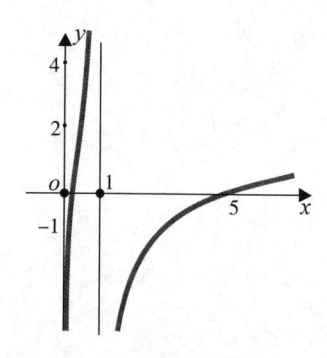

图6

例9（2019年高考理科数学全国Ⅰ卷第20（2）题）：已知函数 $f(x) = \sin x - \ln(1+x)$，$f'(x)$ 为 $f(x)$ 的导数，证明：$f(x)$ 有且仅有2个零点。

分析：由于学生对函数 $y = \sin x$ 与 $y = \ln(1+x)$ 都非常熟悉，并且函数 $f(x)$ 的零点个数就是这两个函数图象的交点个数，因此可画出它们的草图（图7）。无论由 $f(x)$ 的表达式，还是图7，都容易看出0是 $f(x)$ 的一个零点。由于草图的近似性，另一个零点的大致位置比较难以确定。这里，应借助"数"能精确运算或精确刻画的特点来解决。由 $\sin \frac{\pi}{2} = 1$，$\ln\left(1 + \frac{\pi}{2}\right) < 1$，$\sin \frac{\pi}{2} > \ln\left(1 + \frac{\pi}{2}\right)$ 可知，区间 $\left(\frac{\pi}{2}, \pi\right)$ 上 $f(x)$ 必有1个零点。由此，

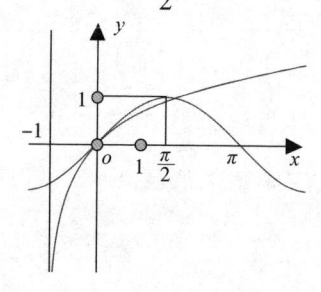

图7

只要证区间 $(-1,0)$ 上 $f(x)$ 无零点，区间 $(0,\pi)$ 上 $f(x)$ 有且只有一个零点即可。

由上可知，几何直观和空间想象为识别问题、把握问题的本质、形成可靠的证明思路提供了根本保障。

三、2019 年高考数学直观想象素养考查对教学的启示

（一）认真研读课程标准，明确教学方向与要求

《国务院办公厅关于新时代推进普通高中育人方式改革的指导意见》明确指出：高考命题要以普通高中课程标准和高校人才选拔要求为依据，实施普通高中新课程的省份不再制定考试大纲。认真研读课程标准不难发现，2019 年高考数学试题对直观想象的考查与课程标准的要求完全一致。课程标准关于直观想象的含义、价值、主要表现、教学目标、表现水平等的阐述，不仅对我们把握高考命题的内容、方向与要求有着极其重要的意义，更为数学教学指明了方向与要求。同时，高考数学中直观想象考查的载体与方式清楚地告诉我们，数学教学应强化知识的本质，强化知识间的联系，强化学生对数学思想方法的领悟；应通过深度学习与自主探究促进数学知识、技能、经验更好地转化为数学核心素养。

（二）拓宽直观想象教学的途径、时间与空间

直觉思维、形象思维是人的本能之一，它大大降低了思维的难度。20 世纪最伟大的数学家之一迈克尔·阿蒂亚曾指出："几何并不只是数学的一个分支，而且是一种思维方式，它渗入数学的所有分支。"[3] 希尔伯特也曾指出："算术符号是文字化的图形，而几何图形则是图象化的公式。"[4] 如果说，代数中理性思考、逻辑思维占主导地位，那么几何中就是形象思维、直觉思维占主导地位。这两种思维方式相互依赖、相互协作、相互支持，促进数学问题的发现、提出和解决。直观想象不仅是解决问题的手段与方式，更是一种思维习惯与思维方式。数学教学应拓展直观想象教学的载体、途径与方式，更多地借助直观想象从条件预测结果和由结果探究成因；应提高直观想象教学的标准——把握事物的本质，形成简单而优美的解决问题方案（如例 5 的解法 4）；应使"形"的直观与"数"的精确、直觉与逻辑走向更高程度的融

合,进而有效地促进数学核心素养的全面发展。

(三)强化直观想象策略与方法的指导

为了有效地培育学生的直观想象,教师不仅需要加强直观想象教学,还需要加强直观想象策略与方法的指导。教师应鼓励和帮助学生养成从几何直观、"数"与"形"结合的视角思考问题的意识,尤其是在没有直接或明显几何背景的情况下,积极寻找几何直观,善于利用几何直观。应指导学生基于"数"内在的几何意义构建几何模型,尤其是善于把"数"的特征与大小、"数"与"数"之间的关系转化为几何图形的形状、大小与位置关系。面对几何模型,应指导学生观察什么、如何观察,善于通过几何模型搞清楚"数"的特征与大小、"数"与"数"之间的关系。应指导学生借助几何直观与空间想象,把握数学问题的本质,有效地从条件预测结果,从结果探究成因。应在具体的问题解决过程中,把直观想象策略方法的指导和教师的直观想象示范结合起来。

(四)强化学生直观想象的实践与感悟

教师应在示范如何直观想象、指导直观想象策略与方法的基础上,强化学生自身的直观想象实践,助其积累直观想象的经验。尤其是要在具体情境中,体会和感悟"数"与"形"内在的一致性——有怎样的"数"就有怎样的"形",有怎样的"形"就有怎样的"数";体会和感悟如何用"形"来刻画"数",如何读懂"形"背后的"数"。因为直观想象能力"依赖于专业知识,更依赖于经验:依赖于经验的积累,依赖于经验的浓缩,依赖于经验的升华"[5];直观想象经验的积累、浓缩与升华只能在学生自身的直观想象实践中完成,只能通过学生自身的反思、感悟、提炼来完成。因此,应提供更多的时间、更大的空间,让学生建构、观察、联想、想象、分析几何模型,感悟几何模型背后蕴含的数学本质。

直观想象既是一种学习数学、思考数学问题的习惯与方式,也是一种数学教学思想、策略与方法。唯有深度认识和把握直观想象的内涵、实质、表现与生成机制,才能更好地培育学生的直观想象。

参考文献：

[1] 史宁中．数学思想概论第 2 辑——图形与图形关系的抽象［M］．长春：东北师范大学出版社，2015：225.

[2] ［美］G. 波利亚．数学与猜想：数学中的归纳与类比（第一卷）［M］．李心灿，王日爽，李志尧，译．北京：科学出版社，2001：v.

[3] ［英］阿蒂亚．数学的统一性［M］．袁向东，编译．大连：大连理工大学出版社，2014：102.

[4] ［美］康斯坦丝·瑞德．希尔伯特——数学世界的亚历山大［M］．袁向东，李文林，译．上海：上海科学技术出版社，2003：116.

[5] 史宁中．数学思想概论——数量与数量关系的抽象（第 1 辑）［M］．长春：东北师范大学出版社，2015：48.

"概率与统计"在高考中的定位与考查研究

胡凤娟[①]

随着社会的发展,"概率与统计"能力的培养越来越受到关注。2017年版普通高中数学课程标准将数据分析作为高中数学六大核心素养之一,同时在文理不分科的前提下,"概率与统计"部分内容的比重稍有增加。而在国际测试中,我国学生在"不确定性和数据"领域的表现相对弱一些[1]。因此,对"概率与统计"教学和评价的研究需要更多研究者的关注与参与。本文以2019年高考数学的12套试卷为例,研究我国高考中"概率与统计"试题的整体情况、典型试题以及对教学的启示。

一、整体情况

以下从题量、分值、题号、考查内容、涉及的情境等多个角度整体分析2019年高考数学试卷中的"概率与统计"试题情况。

(一)"概率与统计"试题题量及分值

2019年的12套高考数学试卷中共有22道"概率与统计"相关试题,其中选择题7道,填空题4道,解答题11道(表1)。

表1 2019年高考数学试卷中"概率与统计"试题及其分值的分布

试卷	题号	分值合计	试卷	题号	分值合计
全国Ⅰ·文	选择题6 解答题17	17分	全国Ⅲ·文	选择题4 解答题17	17分
全国Ⅰ·理	选择题6 填空题15 解答题21	22分	全国Ⅲ·理	选择题3 解答题17	17分
			B·W	解答题17	13分

[①] 胡凤娟,首都师范大学教师教育学院教师。

(续表)

试卷	题号	分值合计	试卷	题号	分值合计
全国Ⅱ·文	选择题4	22分	B·L	解答题17	13分
	填空题14		T·W	解答题15	13分
	解答题19		T·L	解答题16	13分
全国Ⅱ·理	选择题5	22分	Z	选择题7	4分
	填空题13		J	填空题6	15分
	解答题18			解答题23	

（注：除全国卷外，其他省市自主命题的试卷采用字母代号）

从分值上来看，各卷对"概率与统计"部分的重视程度差异较大。有3套试卷的"概率与统计"试题占22分；有3套试卷的"概率与统计"试题占17分；有1套试卷的"概率与统计"试题占15分；有4套试卷的"概率与统计"试题占13分；有1套试卷的"概率与统计"试题占4分。分值差异较大的原因在于有的试卷的"概率与统计"试题为解答题。

从题号上来看，各卷对"概率与统计"试题的位置的设计差异较大。仅就解答题而言，有的试卷没有相关解答题，有的试卷将此类解答题放在第15题，有的放在第21题。

2019年高考理科数学全国Ⅰ卷首次将压轴题设为"概率与统计"问题，不再局限于固定的题号考查固定的内容，体现了命题的灵活性，对减少押题、猜题，提高学生的数学能力有利。

（二）"概率与统计"试题考查内容分布

2019年高考数学中的"概率与统计"相关试题主要考查了15个"概率与统计"方面的内容，此外还呈现了与其他知识的综合，如数列、一元二次函数单调性等（表2）。

（1）对概率与统计内容的考查比重并没有与课标要求完全一致。在2003年版的数学课程标准中，理科的统计内容有30课时，概率内容有16课时（按内容要求条目分，分别是16条和10条）；文科的统计内容有30课时，概率内容有8课时（按内容要求条目分，分别是16条和5条）。无论文科、理科，对统计内容的要求都比概率多得多。而2019年高考数学对统计内容的考查仅有5个，频次合计为6；对概率内容的考查有10个，频次合计为33。可见概率试题在高考数学中的比重比统计题大得多。

（2）高考数学对概率与统计中不同内容的考查频次差异大。从表2中可以看出，对古典概型和数学期望的考查频次最高，均为8次；对表2其中8个内容（1~8）的考查则均为1次。这反映了古典概型和数学期望在概率中占核心地位。

表2 2019年高考数学概率与统计考查内容及频次分布表

序号	考查内容	考查的频次
1	等距抽样	1
2	分层抽样	1
3	独立性检验	1
4	根据概率的大小，解释实验方案的合理性	1
5	标准差的算法	1
6	方差的算法	1
7	中位数的理解	1
8	用列举法计算随机事件的个数	1
9	计算概率并做出判断	2
10	综合（等比数列、一元二次函数单调性）	2
11	相互独立事件的概率	3
12	概率的加法性质	3
13	用样本的频率分布估计总体分布	3
14	离散型随机变量的分布列	4
15	用古典概型计算概率	8
16	数学期望的算法	8
合计		41

（注：这里的频次是按题目中涉及的内容计算的，比如，一个小问中既要求期望又要求标准差，特别是解答题，一道题有多问）

（3）高考数学对概率与统计内容的考查侧重在计算，对利用结果进行判断、决策考查较少。从表2中可以看到，有约10项内容是属于计算的，约占63%，考查的频次约占76%；而利用结果进行判断、决策的内容只有4个，约占25%，考查的频次约占17%。

（三）"概率与统计"试题的情境分析

2017年版高中数学课程标准在划分"学业质量水平"时，考虑的第一个方面是"情境与问题"，可见对学生数学素养的考查应该在一定的情境中进行。

本文涉及的22道题目中有3道题目的情境是有重复的，因此只考虑19道试题情境的分类。本文中情境的分类主要是参考2017年版高中数学课程标准对情境的分类：现实情境、数学情境和科学情境（表3）。

表3 "概率与统计"试题的情境分布

分类	现实情境	科学情境	数学情境	无情境
频数	13	4	1	1
百分比	68.42%	21.05%	5.26%	5.26%

从表3可以看出，现实情境有13个，占比最高，达到68.42%；数学情境有1个，占比最低，只有5.26%；有一道题没有情境，具体如下：

设 $0<a<1$，随机变量 X 的分布列是

X	0	a	1
p	$\frac{1}{3}$	$\frac{1}{3}$	$\frac{1}{3}$

则当 a 在 $(0, 1)$ 内增大时，_____。

A. $D(X)$ 增大

B. $D(X)$ 减小

C. $D(X)$ 先增大后减小

D. $D(X)$ 先减小后增大

该题考查的是学生对期望和方差公式的记忆和操作，同时考查学生对一元二次函数单调性的判断。在整卷中关于"概率与统计"的试题仅此一道，

不足以充分考查学生的数据分析能力。

二、典型试题分析

2019年高考理科数学全国Ⅰ卷把概率统计问题作为压轴题,这体现了评价考试对"概率与统计"的重视正在加强。题目如下:

(2019年高考数学全国Ⅰ卷·理科)21.(12分)

为治疗某种疾病,研制了甲、乙两种新药,希望知道哪种新药更有效,为此进行动物试验。试验方案如下:每一轮选取两只白鼠对药效进行对比试验。对于两只白鼠,随机选一只施以甲药,另一只施以乙药。一轮的治疗结果得出后,再安排下一轮试验。当其中一种药治愈的白鼠比另一种药治愈的白鼠多4只时,就停止试验,并认为治愈只数多的药更有效。为了方便描述问题,约定:对于每轮试验,若施以甲药的白鼠治愈且施以乙药的白鼠未治愈则甲药得1分,乙药得-1分;若施以乙药的白鼠治愈且施以甲药的白鼠未治愈则乙药得1分,甲药得-1分;若都治愈或都未治愈则两种药均得0分。甲、乙两种药的治愈率分别记为 α 和 β,一轮试验中甲药的得分记为 X。

(1)求 X 的分布列;

(2)若甲药、乙药在试验开始时都赋予4分,p_i($i=0$,1,…,8)表示"甲药的累计得分为 i 时,最终认为甲药比乙药更有效"的概率,则 $p_0=0$,$p_8=1$,$p_i=ap_{i-1}+bp_i+cp_{i+1}$($i=1$,2,…,7),其中 $a=P(X=-1)$,$b=P(X=0)$,$c=P(X=1)$。假设 $\alpha=0.5$,$\beta=0.8$。

(ⅰ)证明:$\{p_{i+1}-p_i\}$($i=0$,1,2,…,7)为等比数列;

(ⅱ)求 p_4,并根据 p_4 的值解释这种试验方案的合理性。

试题分析如下。

(一)解题思路自然,无须特殊技巧,考查学生的数学核心素养

我们先不考虑题目背后蕴含的概率、统计思想,先看题目本身。

本题的第一问是求"一轮试验中甲药的得分 X"的分布列,根据题干中的"约定",容易知道 X 的取值为 -1、0、1。再根据相互独立事件的概率,可以得 $P(X=-1)=(1-\alpha)\beta$,$P(X=0)=\alpha\beta+(1-\alpha)(1-\beta)$,$P(X=1)=\alpha(1-\beta)$。进而写出"一轮试验中甲药的得分 X"的分布列。

本题的第二问（ⅰ）在 $p_i = ap_{i-1} + bp_i + cp_{i+1}$ 的条件下求，利用第一问的结果，容易求出 $a=0.4$，$b=0.5$，$c=0.1$，所以 $p_i = 0.4p_{i-1} + 0.5p_i + 0.1p_{i+1}$，题目要证明 $\{p_{i+1} - p_i\}$ 是等比数列，就是要求 $\dfrac{p_{i+1} - p_i}{p_i - p_{i-1}}$ 等于多少，通过恒等变形，易知 $\dfrac{p_{i+1} - p_i}{p_i - p_{i-1}} = 4$，又因为 $p_1 - p_0 \neq 0$，所以 $\{p_{i+1} - p_i\}$（$i = 0,1,2,\cdots$，7）是以 4 为公比的等比数列。

本题的第二问（ⅱ）利用第二问（ⅰ）的结果，及已知的 $p_0 = 0$，$p_8 = 1$，求出 $p_4 = \dfrac{1}{257} \approx 0.0039$。因为试验开始时甲药的得分是 4（这是假设），并且甲、乙两种药的治愈率分别是 0.5 和 0.8，因此，直观上乙药治愈率大于甲药，乙药获胜比较合理。而根据该试验方案得到甲药获胜的结果 0.0039，即得到错误结论的概率非常小，说明该试验方案合理。

借助高中阶段所学习的基础知识可以比较顺利地完成这道题。整个解决问题的过程比较自然，不需要特殊的技巧。同时，第二问（ⅱ）要求学生利用概率统计知识对假设进行推断，考查学生的数据分析能力。

（二）情境的选择自然、合理，反映的问题具有代表性

该题以"检验两种药物的药效"为背景，"检验两种药物的药效"是学习统计概率时的经典问题，同时也有多种解决方法，如二项分布、卡方分布、随机过程等。

自然的想法一般是甲药和乙药分别用在 N 只不同的小白鼠身上。记药物甲治愈了 m 只小白鼠，药物乙治愈了 n 只小白鼠，若 $m > n$，则说明甲比乙更有效（m、n 均小于 N）。这里用到的方法相对简单，每个变量的值确定后，使用二项分布模型即可以求出甲药治愈 m 只小白鼠的概率和乙药治愈 n 只小白鼠的概率，从而判断哪种药物更有效。

本题采用的方法：进行若干轮实验，每一轮选取两只白鼠对药效进行对比试验，再随机选一只施以甲药，另一只施以乙药。一轮的治疗结果得出后，再安排下一轮试验。当其中一种药治愈的白鼠比另一种药治愈的白鼠多一定只数时，就停止试验，并认为治愈只数多的药更有效。这时每一轮试验中的得分只与上一轮试验的得分有关。这时需要用到动态的、更复杂的模型——

"随机游走"。这与概率论中的"赌徒输光问题""酒鬼失足问题"和"一维随机游走问题"在本质上一样。

赌徒输光问题：有两个赌徒 A 和 B，进行一系列赌注为一元的赌博。每一局中赌徒 A 赢的概率为 p，赌徒 B 赢的概率为 $q=1-p$。赌徒 A 初始资金为 i 元，赌徒 B 的初始资金为 $N-i$ 元，所以两个人的资金总和不变。那么 A 赢得比赛（带走所有的钱）的概率是多少？

酒鬼失足问题：一个长生不死的酒鬼随机游走在整数坐标系上。他的起始位置在原点，每一次分别以概率 p 和 $q=1-p$ 向右或向左走一步，每一步之间相互独立，另 S_n 为 n 步后他所处的位置。对所有的 $i \geq 0$，p_i 表示酒鬼曾经到达过 i 点的概率，求 p_i。

一维随机游走问题：粒子在一数轴上移动 n 步。粒子从 i 点开始，每移动一步，分别以概率 p 和 $q=1-p$ 向右或向左移动 1 个单位。假设每一步移动之间都是相互独立的，设 Y 是移动 n 步后粒子所在的位置，求 Y 的分布列。

这三个问题都可以看作是 0 至 N 之间整数的随机游走，可以用图 1 表示。

该题每次试验有三种结果，是在图 1 的基础上增加了原地保持不动的情况。结合本题的具体情况可以用图 2 表示。由此我们可以看出该题的背景自然、合理，反映的问题具有代表性。

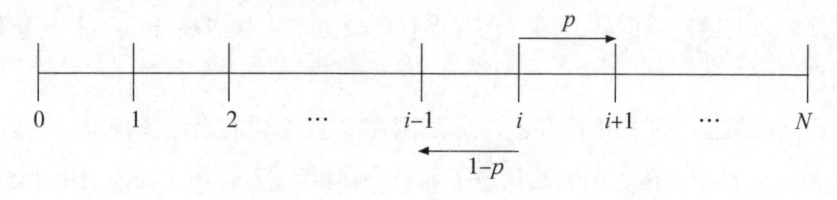

图 1

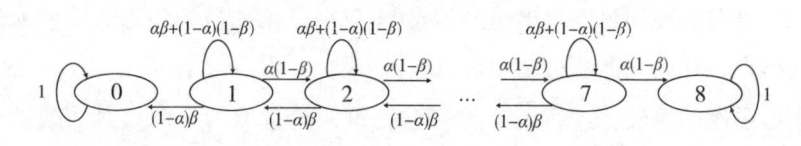

图 2

（三）情境与问题还需要进一步融合

好的情境需要有好的问题。这道题考查的核心知识应该是概率与统计，而对于怎样更好地考查学生对概率统计的理解，还需要进一步思考。比如，本题第二问的（ⅰ）实际上与该题的情境没有关系，相当于给出 $p_i=0.4p_{i-1}+0.5p_i+0.1p_{i+1}$，证明 $\{p_{i+1}-p_i\}$ 是等比数列，可以说是一道纯粹的数列问题。第二问的（ⅱ）求出 P_4 考查的也是数列的知识。

如果把第二问的（ⅰ）改为：若甲药、乙药在试验开始时都赋予 4 分，$p_i=(0,1,\cdots,8)$ 表示"甲药的累计得分为 i 时，最终认为甲药比乙药更有效"的概率，则，$p_0=0$，$p_8=1$，问 p_i，p_{i-1}，p_{i+1} 之间的有什么关系。

这时可以令事件 W 为：甲药的累计得分为 i 时，甲药比乙药更有效。由全概率公式，以及一轮试验的结果可以得到：

$p_i=P$（W | 甲的累计得分为 i 时，这一轮甲得 1 分）$\cdot P(X=1)+P(W|$ 甲的累计得分为 i 时，这一轮甲得 0 分）$\cdot P(X=0)+P(W|$ 甲的累计得分为 i 时，这一轮甲得 -1 分）$\cdot P(X=-1)=P(W|$ 甲的累计得分为 $i+1$）$\cdot P(X=1)+P(W|$ 甲的累计得分为 i）$\cdot P(X=0)+P(W|$ 甲的累计得分为 $i-1$）$\cdot P(X=-1)=p_{i+1}\cdot P(X=1)+p_i\cdot P(X=0)+p_{i-1}\cdot P(X=-1)$

再结合第一问的结果，就可以写出确切的关系式来。

这样考查的重点内容是概率与统计，要不要考查数列的相关知识，可以根据全卷的需要进行设置。如果不求证"$\{p_{i+1}-p_i\}$ 是等比数列"，可以在第二问的（ⅱ）直接给出 p_4 的值，进而解释这种试验方案的合理性，实现情境与问题的紧密融合。

三、对概率统计教学、评价的启示

（一）重视"概率与统计"内容的教学

当今社会发展迅速，我们已经处于大数据时代，人们已经认识到，获取有价值的信息并进行定量分析的意识和能力、基于数据表达现实问题的意识、依托数据探索事物本质和规律等本领在这一背景下十分重要，并亟须加强。

另一方面，高考对教学往往具有导向作用，特别是全国Ⅰ卷的理科数学卷。从表1，我们可以看到 3 套全国卷的"概率与统计"部分有 22 分，特别是全国Ⅰ卷的理科数学将"概率与统计"试题作为压轴题。这些体现了"概率与统计"在考试中的地位越来越高。同时，我们也可以看到，2019年高考已经涌现出了考查概率与统计价值和意义的试题，这要求我们在教学中不能只停留在应试计算及工具性理解水平，而要达到概率与统计思想的渗透、思维品质的改善和能力的提高，从而促进学生数学素养的养成。

（二）加强对"统计"知识的考查

从表2可以看到，概率试题在数学高考中的比重比统计题要大，而课程（文科、理科）给统计内容的课时比概率的课时只多不少。因此，还需要开发新的试题以加强对"统计"知识的考查。

比如，一名研究者正在研究某地区的一种白蚁。他先随机选择了40对白蚁，每对的两只白蚁都来自同一个生物群体，他另外又随机选择了55对白蚁，每对的两只白蚁分别来自不同的生物群体。他把白蚁一对一地放在一些培养皿中，观察它们是否有攻击行为，下表是观察到的结果。

表4 白蚁攻击行为观察结果

	有攻击	无攻击	总计
同一群体	40（33.5）	9（15.5）	49
不同群体	31（37.5）	24（17.5）	55
总计	71	33	104

进行χ^2一致性检验，结果是$\chi^2=7.638$，表中括号里的是相应的期望值，以下哪个论断是根据这个结果得到的？

A. χ^2在0.05水平下不显著

B. χ^2是显著的，$0.01<p<0.05$；表中的值说明来自同一个群体的白蚁比来自不同群体的白蚁发生攻击行为的可能性小

C. χ^2是显著的，$p<0.01$；表中的值说明来自不同群体的白蚁比来自同一个群体的白蚁发生攻击行为的可能性小

D. χ^2是显著的，$p<0.01$；表中的值说明来自同一个群体的白蚁比来自不同群体的白蚁发生攻击行为的可能性小

本题的正确答案是C，题中直接提供了期望值和χ^2值，避免了常规的繁琐运算，所以此题考查的重点是学生是否知道提出的是什么假设、自由度是

多少、如何查表、χ^2 检验统计决断的规则是什么。

（三）重视现实情境的创设

由经济合作与发展组织（OECD）牵头实施的"国际学生评估项目"（PISA）是这样界定数学素养的："在各种各样情境中能够自觉产生和使用数学的意识，使用数学概念、程序、事实和工具来描述、解释说理甚至预测，看到数学在社会中所起的作用，能够积极参与社会事务、运用数学理智地进行判断和决策的能力"[2]。可见，PISA 认为数学素养一定要在情境中体现出来。学生数学素养的提升离不开情境，学生数学素养的展示往往也在情境中体现。从表3中可以看出，在教学中，不能脱离问题的情境，要重视情境的创设，让学生在情境中理解所学的概率与统计知识，并能灵活运用。同时，要注意情境的设计与问题紧密联系。

参考文献：

[1] 李俊. 中小学概率统计教学研究［M］. 上海：华东师范大学出版社，2018.

[2] OECD. PISA2012 Assessment and Analytical Framework：Mathematics，Reading，Science，Problem Solving and Financial Literacy［M］. Pairs：OECD Publishing，2013.

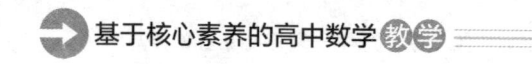

高考评价体系中"应用性"与"创新性"要求的落实

——基于2020年高考数学试卷中问题情境的分析

李 健[①] 童 莉[②]

中国高考评价体系（以下简称"高考评价体系"）的出台，奠定了我国新时代高考改革的理论基础与方法论基础。高考评价体系提出"一核四层四翼"的整体评价框架，其中"四翼"是对高考考查要求的凝练，包括基础性、综合性、应用性、创新性，回应了高考"怎么考"这一关键问题。关于"四翼"要求，"基础性"强调基础扎实，"综合性"强调融会贯通，"应用性"强调学以致用，"创新性"强调创新意识和创新思维。[1] 其中，基础性与综合性是我国高考长期以来的考查重点，而应用性与创新性则是近年来的关注要点，反映出国家对应用型人才与创新型人才的重视和需求。

问题情境是高考评价的考查载体，基于知识应用和产生方式的差异，问题情境被划分为两类：生活实践情境、学习探索情境。[1] 由问题情境产生的复杂情境活动，与高考的"应用性"和"创新性"考查要求相对应。

2020年高考是"四翼"要求明确提出后的首次高考，其试题命制具有极强的典型性与引领性。本研究对2020年高考数学试题中落实"应用性"与"创新性"的问题情境进行分析，借此了解相关理念如何落地，并提出相应的教学建议，助力"高考引导教学"这一目标的达成。

一、落实"应用性"要求的两种类型

落实高考评价体系中的"应用性"要求，关键在于通过各式各类的生活实践情境，考查学生应用数学的能力与素养，让学生深刻感受数学的应用价值。依据数学应用在问题情境中的作用，可将其分为两类：解困应用、说理应用。

[①] 李健，人民教育出版社博士后科研工作站，博士后。
[②] 童莉，重庆师范大学数学学院博士，教授。

（一）解困应用：以数学工具解决现实问题

数学的工具性价值，使其成为解决现实问题的重要手段。为发挥高考的正向引导作用，高考试题要坚持理论联系实际，选取来自现实生活中的真问题，使学生在问题解决中掌握知识、培养能力、提升素养，真切感受到数学在现实生活中的价值。

例 1 ［2020 年高考理科数学全国 Ⅱ 卷第 3 题］

在新冠肺炎疫情防控期间，某超市开通网上销售业务，每天能完成 1200 份订单的配货，由于订单量大幅增加，导致订单积压。为解决困难，许多志愿者踊跃报名参加配货工作。已知该超市某日积压 500 份订单未配货，预计第二天的新订单超过 1600 份的概率为 0.05。志愿者每人每天能完成 50 份订单的配货，为使第二天完成积压订单及当日订单的配货的概率不小于 0.95，则至少需要志愿者（　　）。

A. 10 名　　B. 18 名　　C. 24 名　　D. 32 名

例 1 紧密结合当前社会形势，以新冠肺炎疫情为大背景。由于网络销售能够减少人与人之间的接触，自然成为疫情防控期间的重要销售模式，但订单量大幅增加引发了订单积压的问题，这便构造出一个现实困境，根据积压订单数、预计的次日新增订单数、志愿者的人均日配货数等信息对所需志愿者人数进行合理估计，便成为一项非常有价值的数学任务。在这样一个拟真实的情境中，学生需要考虑各要素之间的数学关联性，还需准确理解"超过 1600 份的概率为 0.05" "积压订单及当日订单的配货的概率不小于 0.95"的含义及其对问题解决的影响，让学生考虑生活中的事件发生的概率大小，使问题情境更加真实。

（二）说理应用：以数学语言阐明事物机理

在现实生活中，许多事物发生、运行的机理很难一眼看清，如何将具象转化为抽象，帮助人们更好地认识事物背后的机理呢？这时候就可以考虑借助数学的手段，以数学的语言阐明问题情境的发生缘由、形成机理。

例 2 ［2020 年高考文科数学全国 Ⅱ 卷第 3 题］

如图，将钢琴上的 12 个键依次记为 a_1，a_2，$\cdots$，a_{12}。设 $1 \leq i < j < k \leq 12$，若 $k-j=3$ 且 $j-i=4$，则称 a_i，a_j，a_k 为原位大三和弦；若 $k-j=4$ 且 $j-i=3$，

则称 a_i，a_j，a_k 为原位小三和弦。用这 12 个键可以构成的原位大三和弦与原位小三和弦的个数之和为（　　）。

A. 5　　　　B. 8　　　　C. 10　　　　D. 15

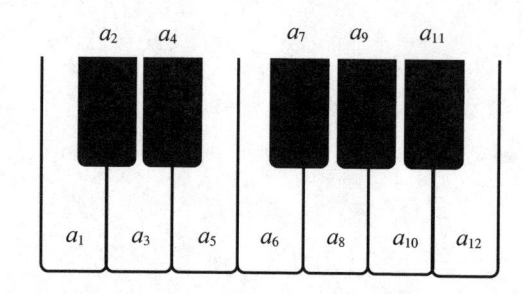

例 2 以钢琴和弦为背景，考查学生对于和弦概念的数学表达形式的理解。这一钢琴和弦情境是数学与音乐的有机结合，要求学生能够借助数学认识原位大三和弦、原位小三和弦的数学表达形式。处理这一问题情境自然离不开数学的应用，这里的"应用"并非指应用数学解决现实问题，而是应用数学说明乐理，考查学生是否"会用数学的眼光观察世界""会用数学的思维思考世界""会用数学的语言表达世界"[2]。

二、落实"创新性"要求的两个方面

落实高考评价体系中的"创新性"要求，目的在于培养学生的创新思维与能力。"创新性"要求的落实，关键在于设置非常态化的问题情境，为学生营造出创新思维的"培养皿"。基于问题情境中所体现创新的不同方面，又可将其具体划分为背景创新、设问创新。

（一）背景创新：以陌生情境打造问题空间

问题情境的背景创新，是指问题情境的背景体现出的创新性，这被视为高考题情境创新的重要体现形式。[3] 设置日常生活中学生熟识的问题情境，可能会降低情境对学生在认知方面带来的挑战，容易使其陷入程序化的解题进程之中。这时候，陌生的问题情境背景就显示出其独特价值，有助于学生展开非常规化的思考。

例 3 ［2020 年高考理科数学全国Ⅲ卷第 4 题］

Logistic 模型是常用数学模型之一，可应用于流行病学领域。有学者根据公布数据建立了某地区新冠肺炎累计确诊病例数 $I(t)$（t 的单位：天）的 Logistic 模型：$I(t) = \dfrac{K}{1+e^{-0.23(t-53)}}$。其中 K 为最大确诊病例数。当 $I(t^*) = 0.95K$ 时，标志着已初步遏制疫情，则 t^* 约为（　　）。（$\ln 19 \approx 3$）

A. 60　　　B. 63　　　C. 66　　　D. 69

例 3 中的 Logistic 模型作为预测确诊病例数的数学模型，对于高中生而言是较为陌生的，绝大多数学生并不知晓 Logistic 模型的构成原理。在这样一个陌生的问题情境背景下，学生需要拥有良好的数学阅读素养，才能从情境中提取关键信息，抽象出本题的实质：解指数方程。面对陌生的情境背景，学生需要冷静分析情境，甄别有用条件，思考处理问题的合理方式，这一过程是创新思维培养的有效途径。

（二）设问创新：以开放问题打破定式思维

所谓"设问创新"，是指在问题情境设问方式上体现出的创新性。任子朝等人指出：增强试题的开放性，有助学生独立思考能力的考查。[4]而这种独立思考能力正是培养创新思维的根本动力。

例 4 ［2020 年新高考数学 Ⅰ 卷（2020 年山东使用）第 17 题］

在①$ac = \sqrt{3}$，②$c\sin A = 3$，③$c = \sqrt{3}b$ 这三个条件中任选一个，补充在下面的问题中，若问题中的三角形存在，求 c 的值；若问题中的三角形不存在，说明理由。

问题：是否存在 $\triangle ABC$，它的内角 A、B、C 的对边分别为 a、b、c，且 $\sin A = \sqrt{3}\sin B$，$C = \dfrac{\pi}{6}$，＿＿＿＿＿？（注：如果选择多个条件分别解答，按第一个解答计分）

从情境类型来看，例 4 与前三个例题的问题情境类型（生活实践情境）有所不同，属于学习探索情境。学生在解决学习探索情境中的问题时，需要启动已有知识开展智力活动，再在问题解决的过程中运用创新思维。[1]例 4 的设问方式具有极强的开放性，需要学生从三个条件中自行选择一个进入题干，再进行自主探究与解答。此处开放性的设问方式是对学生发散思维与探究性能力的有效考查，学生不能盲目地任选一个条件，而需通过观察，快速地分析出三个条件的实质:"边×边""边×正弦值""边÷边",进而由果推因,设计出一条简便可行的判断三角形存在性的路径。这是对学生逆向思维、整体规划思维等创新思维具体体现形式的有效考查。

三、教学启示

高考改革的重要目的之一在于引导教学改革。2020年高考数学题对"应用性"与"创新性"评价要求的落实,为教学实践中促进学生学以致用、提升学生的创新思维与能力提供了有益启示。

(一)关注现实应用,以真实、实用性问题情境促进学生学以致用

应用数学解决现实生活中的实际问题,这是发展数学的最原始、最朴实的目的。高考评价体系对"应用性"的强调,高考数学题对应用性问题的重视,无不指向日常教学的"应用性"发展取向。日常教学中,可以从本文提及的两个应用方面着手:其一是通过解决真实情境问题,使学生像从业者或专家一样进行有意义、有目的的活动,并能将所获知识与经验有效迁移应用到社会生活中的问题解决。[5]其二则是让学生用数学解释现实生活中的现象,用数学阐释现实生活中的规律。希望我们的课堂中出现更多真实且实用的问题情境,促进学生更好地学以致用。

(二)注重情境创新,以陌生、开放式问题情境开拓学生的思维场域

在落实高考评价体系中的"创新性"要求方面,2020年高考数学题进行了非常积极的尝试。为此,本文提出如下建议:首先,教学中应避免完全使用学生熟识的问题情境,可以适当增加一些学生比较陌生的问题情境,为学生创新思维的培养提供探索的"黑箱";其次,注重加强开放式问题情境的设置,以此保证学生得到多角度的思考机会[6][7],为其创新思维的培养提供发展空间。教学过程中的情境创新可以使学生参与更多的探究式与开放式学习,开拓思维场域,有效摆脱定式思维的束缚。

(三)增强协同效应,实现"应用性"与"创新性"发展上的共赢

在指向"应用性"与"创新性"的教学实施过程中,认清两者间的关系极为必要。一方面,创新来源于实践,优质的应用性问题情境有助于学生创造性地使用数学,成为学生创新思维与能力发展的沃壤;另一方面,情境创

新为学生提供了探索未知事物、现象或规律的机会，要想把握机会发展创新思维与能力，离不开学生对数学的深入理解与应用。为了在教学实践中增强两类要求的协同效应，可以在设计应用性问题情境时，适度增强情境创新，为学生留下未知的探究空间；也可以在情境创新的过程中，有意识地体现出数学的应用价值。通过加强教学过程中问题情境的"一体两用"，实现"应用性"与"创新性"发展上的共赢。

参考文献：

［1］教育部考试中心. 中国高考评价体系说明［M］. 北京：人民教育出版社，2019：32 - 34，35 - 36，37.

［2］黄翔，童莉，李明振，沈林. 从"四基""四能"到"三会"——一条培养学生数学核心素养的主线［J］. 数学教育学报，2019，28（05）：37 - 40.

［3］陈昂，任子朝. 高考数学试题情境创新研究［J］. 中学数学教学参考，2016（13）：2 - 4，7.

［4］任子朝，陈昂，单旭峰. 高考加强创新能力考查的研究［J］. 教育理论与实践，2017，37（01）：29 - 32.

［5］蔡亚萍. 基于真实情境问题解决的教学设计［J］. 电化教育研究，2011（06）：73 - 75，80.

［6］张侨平，唐彩斌. 落实素养为本的数学开放题教学［J］. 数学教育学报，2019，28（06）：61 - 64.

［7］李健. 初中数学教科书中现实问题情境设置的实证研究——基于中外九版初中数学教科书的纵向与横向比较［D］. 天津：天津师范大学，2019：187 - 188.

从数学关键能力视角看考题、育素养

——以2020年高考理科数学全国Ⅰ卷第12、20题为例

李昌官[①]

2020年高考各版本数学卷好题多多、亮点纷呈。从整体看，试题加强了数学文化、数学阅读、数学建模、数学应用等方面的考查，彰显了"五育并举"，而且对数学关键能力的考查更加深入、有效。这里的"数学关键能力"，包括数学抽象能力、逻辑推理能力、数学建模能力、直观想象能力、数学运算能力、数据分析能力。本文通过对2020年高考理科数学全国Ⅰ卷中两道看似"平淡"的考题进行剖析，揭示高考数学是如何考查数学关键能力的。

一、案例分析

（一）案例一

1. 试题呈现

[2020年高考理科数学全国Ⅰ卷第12题]

若 $2^a + \log_2 a = 4^b + 2\log_4 b$，则（　　）。

A. $a > 2b$　　　　B. $a < 2b$　　　　C. $a > b^2$　　　　D. $a < b^2$

2. 试题分析

首先要明确：已知是什么？目标是什么？从题设看，它是含有 a 与 b 两个变量的方程，并且方程左右两边的结构相近。考虑到 $2^2 = 4$，方程的右边可变形为 $2^{2b} + \log_2 b$，亦即 $2^{2b} + \log_2 2b - 1$。从所要解决的问题看，这道题是要判定 a 与 $2b$，a 与 b^2 的大小关系。

其次要分析：这是什么类型的问题？虽然本题的4个选项都是不等式，但都难以借助不等式的性质推导得到。结合题设的特点，可以确定这是一个函数问题，更准确地说，是函数单调性问题，因为要解决的问题是比较两个数的大小。

[①] 李昌官，浙江省台州市教育教学研究院书记，正高级教师。

再次要梳理：解决问题的基本思路与方法是什么？既然这是一个函数单调性问题，那就要建立相应的函数模型，然后明确因变量或自变量之间的大小关系，再利用函数的单调性求解。

最后要思考：思维的难点在哪里？由于题设是方程，而结论是不等式，因此需要对方程进行放缩，使其变成不等式，明晰两个函数值的大小关系。

3. 试题解法

解法一：函数单调性法。

由 $2^a + \log_2 a = 4^b + 2\log_4 b$，

得 $2^a + \log_2 a = 2^{2b} + \log_2 b = 2^{2b} + \log_2 2b - 1 < 2^{2b} + \log_2 2b$；

因为 $f(x) = 2^x + \log_2 x$ 在 $(0, +\infty)$ 上单调递增，

由 $f(a) < f(2b)$，得 $a < 2b$，故本题选 B。

解法二：特殊值法。

题设 $2^a + \log_2 a = 4^b + 2\log_4 b$ 含有两个变量，这给思维带来了困难。因此不妨先固定其中一个，对其取特殊值。例如，设 $a = 1$，则 $2 = 4^b + 2\log_4 b$。这是一个关于 b 的方程，并且方程的右边是一个增函数。由问题目标即选项的特点可知，需要判定 b 与 $\frac{1}{2}$、b 与 1 的大小。由 $4^{\frac{1}{2}} + 2\log_4 \frac{1}{2} = 2 - 1 < 2^1 + \log_2 1 = 4^b + 2\log_4 b$，且 $f(b) = 4^b + 2\log_4 b$ 是增函数可知，$b > \frac{1}{2}$，$a < 2b$。此时，$a > b^2$ 与 $a < b^2$ 均有可能，故本题选 B。

4. 试题考查的数学关键能力

（1）数学抽象能力。这里的数学抽象能力体现在用抽象、结构的观点观察方程左右两边的特点，在发现方程左右两边的共同点与不同点、联系与差异的基础上，抽象出函数表达式，并把方程两边分别看成是相应的函数值。

（2）逻辑推理能力。这里的逻辑推理能力首先体现在通过观察题设和选项的特点，猜想这是一个函数单调性问题；其次体现在通过放缩，把所给的方程转化为关于两个函数值大小的不等式；再次体现在建立函数模型后，利用函数的单调性推理得出结论。

（3）数学建模能力。本文对"数学模型"作广义的理解，即把数学概

念、定理、法则都看作是具有特定含义、结构与功能的模型。这里的数学建模能力，一是体现在根据题设的特点，建立函数 $f(x) = 2^x + \log_2 x$ 模型；二是根据题设和目标，把整个问题抽象成函数单调性问题。

5. 解题思路与方法迁移

[2020 年高考理科数学全国 Ⅱ 卷第 11 题]

若 $2^x - 2^y < 3^{-x} - 3^{-y}$，则（　　）。

A. $\ln(y-x+1) > 0$　　　　　　B. $\ln(y-x+1) < 0$

C. $\ln|x-y| > 0$　　　　　　　D. $\ln|x-y| < 0$

分析题设与选项的形式与特点，可以猜想，这是一个关于函数单调性的问题。要利用函数单调性解决问题，需要先构造一个相应的函数。考虑到题设不等式左边、右边都同时含有 x，y，为了便于构造函数，故对题设变形如下：$2^x - 3^{-x} < 2^y - 3^{-y}$。记 $f(x) = 2^x - 3^{-x}$，则有 $f(x) < f(y)$。由于 $f(x)$ 是一个增函数，故 $x < y$，$y - x + 1 > 1$，本题选 A。由于 $|x-y|$ 大于 1、小于 1 都有可能，因此 C、D 不成立。此题同样重在考查学生的数学抽象、数学建模和逻辑推理能力。

（二）案例二

1. 试题呈现

[2020 年高考理科数学全国 Ⅰ 卷第 20 题]

已知 A、B 分别是椭圆 $E: \dfrac{x^2}{a^2} + y^2 = 1$（$a > 1$）的左、右顶点，$G$ 为 E 的上顶点，$\vec{AG} \cdot \vec{GB} = 8$。$P$ 为直线 $x = 6$ 上的动点，PA 与 E 的另一个交点为 C，PB 与 E 的另一个交点为 D。

(1) 求 E 的方程；

(2) 证明：直线 CD 过定点。

2. 试题分析

第（1）小题比较简单，只要把 $\vec{AG} \cdot \vec{GB} = 8$ 用 a 表示，得到一个关于 a 的方程，即可求解。下面在求得 E 的方程 $\dfrac{x^2}{9} + y^2 = 1$ 的基础上讨论第（2）小题。

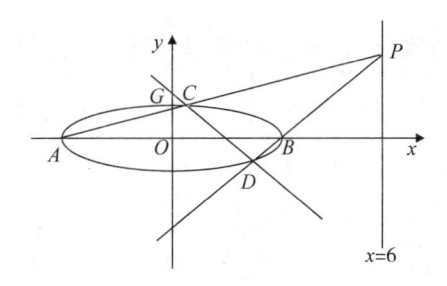

首先要明确：已知什么？求证什么？已知点 P 是直线 $x=6$ 上的动点，它可以用只含一个参变量的坐标 $(6, m)$ 来刻画，C、D 分别是直线 PA、PB 与 E 的另一个交点。点 C、D 和直线 CD 位置的变化都是由点 P 位置的变化引起的。本小题的目标是证明直线 CD 过定点。

其次要分析：这是什么类型的问题？这是以直线与圆锥曲线的位置关系为背景的曲线过定点问题，是一个解析几何问题。

再次要思考：如何寻找思维的突破点与切入点？考虑到这是一个解析几何问题，因此解题的大思路与大策略是坐标法，利用方程求解。由于这是一个直线过定点问题，并且过定点的直线的方程通常只含有 1 个参变量，因此应设法把直线 CD 用含参变量 m 的方程表示。

3. 解题思路

思路一：抓住牵一发而动全身的一个变量。由题设可知，点 P 可用含 1 个参变量 m 的坐标表示，进而直线 AP、BP 都可用含 m 的方程表示。通过求解直线 AP、BP 的方程与椭圆 E 的方程组成的方程组，得出点 C、D 的坐标可用含 m 的式子表示。由于已经知道直线 AP、BP 与 E 的一个交点坐标，因此宜借助韦达定理求点 C、D 的坐标。这样，直线 CD 也可用含 m 的方程表示，结论可证。事实上，经推理、计算、变形，得直线 CD 的方程为 $y = \dfrac{4m}{3(3-m^2)}(x - \dfrac{3}{2})$，因此直线 CD 过定点 $Q(\dfrac{3}{2}, 0)$。

思路二：先猜测定点，后证明。由椭圆关于 x 轴对称可知，若直线 CD 过定点，则定点必在 x 轴上。因为此时必存在与直线 CD 关于 x 轴对称的另一条直线 $C'D'$，直线 CD 与 $C'D'$ 的交点必在 x 轴上。取点 C 与点 G 重合，则可建立如下思维链：直线 AP 方程可求→点 P 坐标可求→直线 PB 方程可求→点 D

坐标可求→直线 CD 方程可求→直线 CD 与 x 轴的交点即定点 $Q\left(\dfrac{3}{2}, 0\right)$ 可求。由思路一，点 C、D 的坐标可用含 m 的式子表示，因此只要证明对任意实数 m，点 C、D、Q 三点共线，亦即 $k_{CQ} = k_{DQ}$。

思路三：避开繁杂计算，迂回前进。如果说前面的正面求解运算量较大，也可设直线 CD 的方程为 $x = my + t$，然后利用已知条件得到一个关于 m、t 的关系式，再证明直线 CD 过定点。设 $C(x_1, y_1)$，$D(x_2, y_2)$，则 AC、BD 的方程分别为 $y = \dfrac{y_1}{x_1 + 3}(x + 3)$，$y = \dfrac{y_2}{x_2 - 3}(x - 3)$。由直线 AC、BD 的交点在直线 $x = 6$ 上，可得 $\dfrac{3y_1}{x_1 + 3} = \dfrac{y_2}{x_2 - 3}$。由 $\begin{cases} \dfrac{x^2}{9} + y^2 = 1, \\ x = my + t \end{cases}$ 知，$x_1 + x_2$，$x_1 x_2$，$y_1 + y_2$，$y_1 y_2$ 可用关于 m、t 的表达式表示。考虑到 $\dfrac{3y_1}{x_1 + 3} = \dfrac{y_2}{x_2 - 3}$ 是一个关于 x_1、y_1、x_2、y_2 的非对称表达式，无法直接利用韦达定理，因此应对其进行变形。由于 $C(x_1, y_1)$ 是椭圆 $\dfrac{x^2}{9} + y^2 = 1$ 上的点，故有 $9y_1^2 = 9 - x_1^2 = (3 + x_1)(3 - x_1)$，即 $\dfrac{3y_1}{x_1 + 3} = \dfrac{3 - x_1}{3y_1}$，因此 $\dfrac{3 - x_1}{3y_1} = \dfrac{y_2}{x_2 - 3}$，即 $9 - 3(x_1 + x_2) + x_1 x_2 = 3y_1 y_2$。由此可得到关于 m、t 的关系式 $f(m, t) = 0$。由 $\begin{cases} f(m, t) = 0, \\ x = my + t \end{cases}$ 可消去 m 或 t，进而得到一个只含 1 个参变量的直线 CD 的方程，结论可证。

4. 试题考查的数学关键能力

（1）直观想象能力。这首先表现在通过观察图形，形成解题思路；其次表现在能认识到由于此椭圆关于 x 轴对称，因此若直线 CD 过定点，则定点必在 x 轴上。

（2）逻辑推理能力。这首先体现在解题思路的形成是一个基于经验与直觉的合情推理过程，解题思路是否可行最后要经过解题实践的检验；其次体现在具体的解题过程是一个严谨的演绎推理过程。

（3）数学抽象能力。这首先体现在把特定的直线与圆锥曲线的关系问题抽象为一般圆锥曲线与直线的位置关系问题；其次体现在把直线过定点问题转化为定点的坐标满足直线所对应的方程。

（4）数学建模能力。这首先表现在思考问题时头脑中有一些抽象的"模式"或"结构"，并借助这些"模式"或"结构"解决问题（如知道直线过定点问题通常是怎样解决的）；其次体现在解决问题时，对问题的类型有一个大致的模式识别。

（5）数学运算能力。这首先体现在学生需要理解运算对象、明确运算目标、形成运算思路、突破运算难点、设计运算程序与方法；其次体现在问题解决对学生的运算习惯、运算规范化与条理化程度、面对复杂运算时的心态等都是一个很大的考验。

5. 解题思路与方法迁移

[2020 年新高考数学 I 卷（2020 年山东使用）第 22 题]

已知椭圆 $C: \frac{x^2}{a^2} + \frac{y^2}{b^2} = 1$ （$a > b > 0$）的离心率为 $\frac{\sqrt{2}}{2}$，且过点 A（2，1）。

（1）求 C 的方程；

（2）点 M、N 在 C 上，且 $AM \perp AN$，$AD \perp MN$，D 为垂足，证明：存在定点 Q，使得 $|DQ|$ 为定值。

此题表面上没有出现"直线"两个字，实际上 AM、AN、AD 都是以直线的身份借助直线方程参与运算的，整个问题以直线与圆锥曲线、直线与直线的位置关系为背景。解决问题时，同样需要求直线与圆锥曲线的交点、直线与直线的交点。此题的问题类型、解决思路和方法与案例二都比较相近，只不过此题只要证明点 D 的轨迹是以定点 Q 为圆心的圆即可。

二、对高中数学教学的启示

（一）从数学关键能力的视角看题目，以简驭繁

以怎样的视角看试题，这既是一个涉及教育理念、教学目标、教学思维的重大原则问题，又是一个事关如何有效解决问题的重大技术方法问题。如果单纯地就题论题，容易被无限多的数学题压垮；如果从数学知识与数学技能的角度看试题，我们能将无限多的高中数学题转化为有限多的高中数学知

识与技能，但面对思路新颖、素养立意的试题，往往难以有效调动和运用知识；如果从数学思维、数学关键能力的视角看试题，那就找到了牵一发而动全身的"纲"，纲举才能目张，抓住了试题的"纲"，也就是抓住了解题的关键。

事实上，面对素养立意的高考数学命题，与其施行题海战术、盲目训练，不如把握试题本质与要素，以简驭繁。

（二）从数学思维角度剖析题目，培养数学关键能力

数学六大关键能力实质上是六大最常用、最有用的解决数学问题的方法与手段。培养这些关键能力的关键，在于通过数学学习，在发现、提出、分析、解决数学问题的过程中学会数学地、有条理地思考。教师应更多地站在数学思维的角度剖析题目，抓思维的要点与关节点，强化学生思维薄弱环节的教学。

第一，加强观察、分析、归纳教学，培养学生的数学抽象能力。观察是解决问题的第一步，是形成解题思路、发现数学结论的基础。教学中，教师应增强学生的观察意识与观察能力，明确观察的目的是找出相关对象的共同点与不同点，为数学抽象和数学发现提供依据；观察的方式是排除无关因素，搞清楚数与形的大小、关系、结构和特征；观察时，应强化对比、联系、想象，避免孤立地、静止地、无目的地观察；应在精细观察上下功夫，善于捕捉蛛丝马迹、提取有效信息。

第二，加强联想与直觉教学，发展学生的逻辑推理能力。思维突破点和解题思路的寻找是解决问题的关键，解题思路的形成是一个基于直觉与经验的合情推理的过程。数学教学应强化教直觉思维、说直觉思维、示范直觉思维，应通过追问直觉思维产生的缘由、梳理和反思直觉思维的过程、明确直觉思维的方法，提高学生的合情推理能力；应通过追寻"直觉背后的思维与引领逻辑的直觉"[1]，发展学生的逻辑推理能力。

第三，加强模式识别和数学化教学，增强学生的数学建模能力。数学思维既基于问题的条件与目标，又基于数学概念、定理、法则。数学解题既应加强对问题条件与目标的模式识别，也应加强对蕴含的数学概念、定理、法则的识别。对于实际问题，既应增强目标意识，依据目标筛选与问题解决相关的信息与条件，排除无关信息，也应加强数学化的过程与方法教学，提升学生的数学建模能力。

第四，加强运算教学的完整性，提升学生的数学运算能力。应从理解运算对象、明确运算目标、分析运算条件、探寻运算思路、设计运算程序、求得运算结果、检验运算结果等七个环节入手[2]，实施完整的数学运算教学，避免"去头去尾"、侧重于运算技能，以及不利于数学运算素养生成的运算教学。教师应认识到，学生运算表现不佳往往源于他们的心态与个性品质——缺乏严谨、耐心、细心的个性品质，缺乏规范化思考问题的习惯，缺乏不怕难、不怕繁的进取精神。运算教学既应避免学生在没有搞清楚条件、目标、思路、方法的情况下胡乱地、没有章法地盲目计算，也应指导学生基于理性思维和逻辑判断，在坚定的信念支持下进行具体运算。

第五，丰富直观想象教学的策略、途径与方式，提升学生的直观想象能力。直观想象不仅是解决问题的手段与方式，更是一种思维习惯与思维方式。[3]数学教学应拓展直观想象教学的载体、途径与方式，更多地借助直观想象，从条件预测结果和由结果探究成因；应提高直观想象教学的标准——把握事物的本质，形成简单而优美的解决问题的方案；应使"形"的直观与"数"的精确、直觉与逻辑走向更高程度的融合，进而有效促进包括直观想象素养在内的数学素养的全面发展。

（三）加强六大关键能力的关联性与整体性，提高数学教学效益

六大数学关键能力"既相互独立、又相互交融，是一个有机的整体"。如，数学模型通常是数学抽象、直观想象、逻辑推理、数学运算、数据分析的结果，同时它又为后续的数学抽象、直观想象、逻辑推理、数学运算、数据分析等提供依据、工具和服务。在数学教学中，教师可根据教学内容的特点与蕴含的最主要的数学关键能力，以某个数学关键能力所对应的数学思维为主线组织教学，并在这个过程中综合地、灵活地运用其他五大关键能力。

参考文献：

[1] 李昌官. 追寻直觉背后的逻辑与引领逻辑的直觉［J］. 数学教育学报，2018，27（04）：76-81.

［2］李昌官. 数学运算素养及其培养［J］. 数学通讯，2019（09）：1－5.

［3］李昌官. 直观想象视角下的2019年高考数学试题研究［J］. 基础教育课程，2019（08）：25－33.